Annemarie Pieper

Aufstand des stillgelegten Geschlechts

Band 4231

Das Buch

Ethisches Denken setzt Normen für das Handeln im Alltag. Daß die Philosophen dabei wohl in erster Linie nur an den männlichen Teil der Menschheit dachten, den weiblichen eher mit Geringschätzung oder gar nicht beachteten, fordert Frauen heraus. Sie formulieren und begründen ihre Sicht ethischen Denkens und Handelns provozierend neu. Über die verschiedenen wichtigen Ansätze feministischer Ethik gibt dieses Buch den ersten inhaltlich umfassenden Überblick. Annemarie Pieper leistet aber noch mehr: Sie ordnet die verschiedenen Ansätze und entwickelt eine Perspektive, wie ein neues ethisches Denken die Einseitigkeiten androzentrischer, eben auf die männliche Perspektive zentrierter, Philosophie überwinden kann. Denn eines wird deutlich entlarvt: männliche Philosophen grenzen – entgegen ihrer Beteuerung, für die ganze Menschheit zu sprechen – „anderes" und insbesondere Weibliches aus. Männlich zentrierte Philosophie hat so das weibliche Geschlecht stillgelegt. Feministische Ethik baut deshalb an einer Theorie des Wissens und Handelns, die den Erkenntnisinteressen und normativen Ansprüchen von Frauen gerecht wird. Das haben nicht zuletzt die Pionierinnen wie Simone de Beauvoir und Luce Irigary gezeigt. Annemarie Pieper entwirft die Utopie einer menschlichen Ethik, für die die feministischen Denkerinnen Zentrales beitragen. Dieses Buch gibt wichtige Informationen und Argumentationshilfen für alle, die sich für Ethik und Philosophie interessieren.

Die Autorin

Annemarie Pieper ist Professorin für Philosophie an der Universität Basel, zahlreiche Veröffentlichungen zu philosophischen Themen, Editionen und Beiträge. Seit einiger Zeit beschäftigt sie sich mit Fragen feministischer Ethik. Tätig in zahlreichen Kommissionen zu praktisch-politischen Fragen, unter anderem zur Gentechnik.

Annemarie Pieper

Aufstand des stillgelegten Geschlechts

Einführung in die feministische Ethik

Herder
Freiburg · Basel · Wien

Originalausgabe

Alle Rechte vorbehalten – Printed in Germany
© Verlag Herder Freiburg im Breisgau 1993
Herstellung: Freiburger Graphische Betriebe 1993
Umschlaggestaltung: Joseph Pölzelbauer
Umschlagmotiv: Tarsila do Amaral, Urutu (Urutu), 1928
ISBN 3-451-04231-2

Inhalt

Einleitung 7

1. Zur Frage der Geschlechterdifferenz 10

1.1 „Man kommt nicht als Frau zur Welt, man wird es" (Simone de Beauvoir) 12
1.1.1 Existenz als Mann 16
1.1.2 Existenz als Frau 18
1.1.3 Existenz als Mensch 23
1.1.4 Kritische Einwände 27

1.2 „Das Geschlecht, das nicht eins ist" (Luce Irigaray) 31
1.2.1 Der männliche Geschlechterdiskurs 34
1.2.2 Der weibliche Geschlechterdiskurs 38
1.2.3 Die neue Einheit: das Paar 45
1.2.4 Kritische Einwände 47

1.3 Die Kontroverse um die Kategorien sex und gender 52
1.3.1 Die biologische Erklärung des Geschlechtsunterschieds 54
1.3.2 Vervielfältigung der Geschlechtsidentität ... 62
1.3.3 Körperinszenierungen 69

2. *Der Androzentrismus der klassischen Philosophie* 78

2.1 Grundzüge einer essentialistischen Ethik ... 82
2.1.1 Der metaphysische Begriff der Einheit 82
2.1.2 Der praktische Begriff der Einheit 95

2.2 *Grundzüge einer existentialistischen Ethik* .. 101
2.2.1 Einheit und Differenz im Verhältnis 102
2.2.2 Vielheit mit Einem Sinn 107
2.3 Jenseits von Essentialismus und Existentialismus 112
2.3.1 Dekonstruktionen von Einheit 113
2.3.2 Die Herrschaft der Diskurse 120
2.3.3 Dekomposition des Androzentrismus? 126

3. *Ansätze einer feministischen Ethik* 131

3.1 *Das theologische Modell* 132
3.1.1 Die Handlungsgemeinschaft der Schwestern .. 133
3.1.2 Spiritualität der Sinnlichkeit 140

3.2 *Das entwicklungspsychologische Modell*.... 147
3.2.1 Die Perspektivität moralischer Sichtweisen .. 149
3.2.2 Weibliche Moral? 157

3.3 *Das philosophische Modell* 165
3.3.1 Selbstbewußter Sisyphos 166
3.3.2 Der konkrete Andere 170
3.3.3 Gleiche Rechte für Ungleiche 175
3.3.4 Ethik der geschlechtsspezifischen Moral 179

Ausblick 184
Personenregister 188

Einleitung

Wenn von feministischer Ethik die Rede ist, wird damit unterstellt, daß Theorien der Moral geschlechtsspezifisch konzipiert werden können. Während man in der philosophischen Tradition davon ausging, daß die vielfältigen Formen der Reflexion auf menschliches Wissen und Handeln geschlechtsneutral sind, haben die Wegbereiterinnen der feministischen Philosophie zeigen können, daß die vorgebliche Neutralität der Vernunft erschlichen ist, insofern sie sich als Konstrukt spezifisch männlicher Erkenntnisinteressen erweist, die unhinterfragt als allgemeinmenschliche ausgegeben werden.

So verwundert es nicht, daß den Frauen seit Jahrtausenden eine nur eingeschränkte Vernunftkapazität zugesprochen wurde. Aus dem Gebiet der Wissenschaften wurden sie als völlig unzuständig ausgeschlossen. Aber auch in den alltäglichen Belangen gestand man ihnen mangels rationaler Kompetenz keine echte Entscheidungsbefugnis zu. Wenn es tatsächlich männliche Setzungen sind, die bestimmen, was menschliche Vernunft ist, worin ihre Leistungen bestehen und welcher Art von Rationalitätskriterien sie sich zu bedienen hat, dann ist damit a priori ein Grundraster festgelegt, der sich einer uneingestandenen androzentristischen Weltsicht verdankt. Alles, was von dieser abweicht oder ihr nicht entspricht, wird als minderwertig abqualifiziert – im Namen einer Vernunft, die sich als geschlechtsunspezifische Instanz ausgibt, ohne zu erkennen, daß die von ihr als universell deklarierten Normen nur aufgrund einer unzulässigen Verallgemeinerung ihren Geltungsanspruch aufrechterhalten können.

Die feministische Ethik hat es sich zur Aufgabe gemacht, das einseitige Menschenbild und die ebenso einseitige Theorie der Moral, die in der traditionellen Ethik zugrunde gelegt bzw. vertreten wurden, zu korrigieren, indem sie in einem *ersten* Schritt den verborgenen Androzentrismus in der bisherigen Moralphilosophie herauszustellen sucht, um dann in einem *zweiten* Schritt das Selbstverständnis einer „weiblichen" Moral zu charakterisieren und darauf eine Theorie des Wissens und Handelns aufzubauen, die den bisher unterdrückten Erkenntnisinteressen und normativen Ansprüchen von Frauen gerecht wird. In einem *dritten* Schritt geht es schließlich darum, das Konzept einer Ethik zu erarbeiten, in der männliches und weibliches Moralverständnis so integriert sind, daß sie weder miteinander konkurrieren noch einander über- bzw. untergeordnet werden, sondern als zwei gleichermaßen unverzichtbare Bausteine einer wahrhaft menschlichen Moral fungieren.

Die Wendung „feministische Ethik" soll also nicht den Eindruck erwecken, Theorien der Moral seien per definitionem geschlechtsspezifisch. Vielmehr dient der Zusatz „feministisch" nur als Hinweis darauf, daß die bisherigen Ethik-Modelle, an denen die Geschichte der Moralphilosophie reich ist, entgegen ihrem Anspruch, die Prinzipien *menschlichen* Handelns schlechthin zu ergründen, im Kern androzentristisch sind und eben dadurch eine feministische Ethik auf den Plan rufen, die den Aspekt des Gegengeschlechtlichen in die Diskussion bringt. Von feministischer Ethik wird jedoch nur so lange die Rede sein müssen, als eine menschliche und als solche geschlechtsunspezifische

Ethik noch Desiderat ist. Doch auch eine solche geschlechterübergreifende Ethik wird eine *Ethik* der geschlechtsspezifischen *Moral* sein müssen.

1. Zur Frage der Geschlechterdifferenz

Ausgangspunkt der feministischen Ethik ist das Problem der Geschlechterdifferenz, das insofern keine bloß theoretische, sondern eine eminent moralische Fragestellung beinhaltet, als mit der Definition des Weiblichen[1] im männlichen Diskurs bereits eine Vorentscheidung über den Handlungsspielraum von Frauen auf der Grundlage der Erkenntnis, was sie ihrem Wesen nach sind, getroffen wird.

In patriarchal strukturierten Gesellschaften, soweit sie uns aus der Geschichte von rund dreitausend Jahren bekannt sind, ist die Geschlechterdifferenz eine Tatsache, die auf der Theorieebene keine Probleme aufwirft. Als Mann resp. Frau wird man geboren, und die Unterschiede zwischen ihnen lassen sich an den äußerlichen Geschlechtsmerkmalen augenfällig demonstrieren. Die Natur hat gemäß dieser Auffassung den Menschen einen biologischen

---

[1] Bezeichnenderweise ist es immer die Frau, die in ihrem Wesen bestimmt wird. „Welcher Mann käme auf die Idee, sich selbst zu definieren?" fragt Regine Reichwein im Rahmen eines Symposiums über den „Mythos Frau". Die Bestätigung dafür liefert Elisabeth List, die zur Vorbereitung des Symposiums im Brockhaus die Stichwörter ‚Frau' und ‚Mann' nachgeschlagen hat: „Unter ‚Frau' findet man da einen unentschiedenen Artikel, der so zwischen Reaktion und Fortschritt pendelt, der sagt, daß die Frau für die Familie, die Reproduktion etc. zuständig ist. Und dann schaut man unter ‚Mann' nach, und da findet man zwei Artikel – einen über Thomas Mann und einen über Heinrich Mann" (Mythos Frau. Projektionen und Inszenierungen im Patriarchat, hg. v. B. Schaeffer-Hegel / B. Wartmann, Berlin 1984, 384 ff.).

Stempel aufgedrückt und damit jedem Individuum ein ihm vorgegebenes, unverfügbares Geschlecht zugeteilt, durch das bestimmte Verhaltensformen unausweichlich vorprogrammiert sind.

Spätestens seit Simone de Beauvoirs Buch „Le Deuzième Sexe" wurde diese einfache, naturalistische Sicht der Dinge aus der philosophischen Perspektive in Zweifel gezogen. Inzwischen haben zahlreiche Untersuchungen auf psychoanalytischem, theologischem und kulturwissenschaftlichem Sektor zu der Ansicht beigetragen, daß menschliche Lebewesen nicht oder jedenfalls nicht ausschließlich von Natur aus männlich oder weiblich *sind*, sondern durch Erziehungs- und Sozialisationsprozesse zu Männern und Frauen *werden*. Im angelsächsischen Sprachraum bezeichnen die Begriffe *sex* und *gender* den Unterschied zwischen angeborenem biologischem Geschlecht und den Geschlechterrollen, die traditionell festgelegt und für das Selbstverständnis als Mann oder als Frau nicht weniger prägend sind als die naturale körperliche Ausstattung. Die Geschlechtszugehörigkeit ist demnach zum einen vorgegeben, zum anderen erworben. Dieser zweite Aspekt der Rollenzuschreibung durch eine Gesellschaft, die im wesentlichen durch männliche Interessen definiert ist, wurde weitgehend ignoriert, so daß als Werk der Natur ausgegeben werden konnte, was bei Licht besehen seinen Ursprung in einer wert- und zweckorientierten menschlichen Setzung hat, die als solche kulturbedingt und daher jederzeit veränderbar ist.

1.1 „Man kommt nicht als Frau zur Welt, man wird es"
(Simone de Beauvoir)

Simone de Beauvoirs 1949 erschienenes, über 900 Seiten umfassendes Pionierwerk „Das andere Geschlecht. Sitte und Sexus der Frau" ist auch heute noch, vor allem was die Geschlechterfrage anbelangt, von erstaunlicher Aktualität. Philosophisch der Position von Sartre nahestehend, aber zugleich vertraut mit der psychoanalytischen Diskussion der Zeit und literarisch überaus bewandert, geht sie mit ihrer Frage „Was ist eine Frau?" an überlieferte Ideologien, Vorurteile, feststehende Überzeugungen, die den Charakter von Dogmen angenommen haben, wissenschaftliche Untersuchungen und Romane heran, um ein breites Spektrum von Antworten zu dokumentieren, deren Herkunft und Umfeld sie einer kritischen Analyse unterzieht. Dabei ist ihr Ausgangspunkt die Perspektive der existentialistischen Ethik: „Jedes Subjekt setzt sich durch Entwürfe konkret als eine Transzendenz" (25).[2]

Diese philosophisch-anthropologische Prämisse, von der her und auf die hin Simone de Beauvoir reflektiert, beinhaltet, daß jedes der Gattung Mensch zugehörige Lebewesen „Subjekt" ist und sich als solches nur in und durch Freiheit verwirklichen kann. Freiheit aber ist keine statische Eigenschaft, sondern ein dynamischer Prozeß, ein Sich-selbst-Hervorbringen nach selbst gesetzten Entwürfen. In diesen Entwürfen seiner selbst überschreitet sich das Subjekt, es transzendiert sich, indem es, anstatt beim Erreichten stehenzubleiben, sich immer wieder neu projektiert. Freiheit erschöpft sich demnach nicht in abstrakten Wunschvorstellungen oder Gebilden eines idealen Selbst. Vielmehr ist

---

[2] S. de Beauvoir: Das andere Geschlecht. Sitte und Sexus der Frau (Neuübersetzung), Reinbek 1992.

die menschliche Freiheit geschichtliche Freiheit, die einerseits situativ gebunden ist und andererseits in einer unendlich offenen Zukunft ein unbegrenztes Spielfeld für ihre Selbstentwürfe besitzt. Nur im Vollzug eines Strebens wird Freiheit konkret, überschreitet sich auf andere Freiheit hin, um in veränderter Form auf sich selbst zurückzukommen.

Eine Freiheit, die die Bewegung der Selbsttranszendenz nicht mehr vollzieht, sei es, weil das Subjekt meint, endgültig bei sich angekommen zu sein in einer unüberbietbaren Erfüllung, sei es, weil es daran gehindert wird, sich je und je neu zu entwerfen, eine solche Freiheit hebt sich nach Simone de Beauvoir auf, da der Verlust der Transzendenz den Verlust des Subjekts nach sich zieht, das nur als Träger und Vollzugsorgan seiner Selbstprojektionen ein Bewußtsein von sich selbst hat und entsprechend für sich als freies Wesen existiert. „Jedesmal wenn die Transzendenz in Immanenz zurückfällt, findet eine Herabminderung der Existenz in ein ‚An-sich' und der Freiheit in Faktizität statt. Dieses Zurückfallen ist, wenn das Subjekt es bejaht, eine moralische Verfehlung; wird es ihm auferlegt, führt es zu Frustration und Bedrückung; in beiden Fällen ist es ein absolutes Übel" (ebd.).

Die Frauen wurden nach Simone de Beauvoir seit jeher daran gehindert, sich in freien Entwürfen ihrer selbst über sich hinaus zu entwickeln. Eingeschlossen in die Immanenz jener Bestimmungen, die ihnen von den Männern oktroyiert wurden, konnten sie sich nicht transzendieren und als autonome Personen konkretisieren, „da ihre Transzendenz fortwährend von einem essentiellen, souveränen anderen Bewußtsein transzendiert wird" (26).

Was ist die Frau? Die biologische Standardantwort lautet: „Sie ist ein Uterus mit Ovarien; sie ist ein Weibchen" (27). Simone de Beauvoir findet diese Definition insofern verwunderlich, als ja auch Männer eine Anatomie besitzen, zu der Testikel und Hormone gehören, die jedoch offenbar kein Hindernis für die Gewinnung objektiver Erkenntnis bilden. Während der Frau unterstellt wird, „sie denke mit ihren Drüsen" (12), so daß alles, was sie vollbringt, unausweichlich durch ihr Geschlecht determiniert ist, versteht sich der Mann als authentisches Subjekt, dessen Körperlichkeit ihm nicht als Belastung oder Behinderung gilt, sondern als ein unfehlbar Objektivität garantierendes Instrumentarium. Simone de Beauvoir hält fest, daß dieser völlig selbstverständliche Glaube an den privilegierten Zugang des Mannes zur Wahrheit der Dinge sich keineswegs einer Gunst der Natur verdankt, sondern Resultat einer Absolutsetzung der eigenen Perspektive ist. Entsprechend wird die Frau als das Entgegengesetzte begriffen, das alles das nicht ist und kann, was der Mann ist und kann. „Die Menschheit ist männlich, und der Mann definiert die Frau nicht als solche, sondern im Vergleich zu sich selbst ... Und sie ist nichts anderes als das, was der Mann bestimmt ...: für ihn ist sie sexuell, das heißt, sie ist es absolut ... Sie ist das Unwesentliche gegenüber dem Wesentlichen. Er ist das Subjekt, er ist das Absolute: sie ist das Andere" – bloßes Objekt für ein Subjekt, das alle Freiheit für sich allein beansprucht (ebd.).

Die Kritik Simone de Beauvoirs zielt nicht auf die Dualität der Geschlechterdifferenz. Sie betont im Gegenteil: „Die Alterität ist eine grundlegende Kategorie des menschlichen Denkens" (13). Wir denken immer schon in Gegensätzen, indem wir das eine auf das andere beziehen, es gegen alles abgrenzen, was es nicht ist. Wogegen sie sich jedoch wendet, ist die Ausschließlichkeit, mit der die eine Seite des Gegensatzes als Inbegriff des Positiven behauptet und damit zugleich der anderen Seite eine bloß negative Funktion zugestanden wird. Die Kategorie der Alterität begründet nach Simone de Beauvoir eine Wechselbeziehung, in der beide

Pole gleichberechtigte Korrelate sind, da keiner ohne Bezug auf den anderen an sich selber bestimmt werden kann.

Daß im Geschlechterverhältnis seit jeher der Mann dominiert und der Mann die Frau von sich abhängig gemacht hat, ist nicht das Resultat einer naturwüchsigen Abfolge von gelungenen Unterwerfungsakten und auch nicht das Resultat einer historischen Entwicklung. Für Simone de Beauvoir steht fest, daß die Frau deshalb keine eigene Vergangenheit, Geschichte und Religion hat, weil sie das ihr vom Mann suggerierte Bild der Frau angenommen und diesem keinen eigenen Entwurf entgegengesetzt hat. „Wenn die Frau sich als das Unwesentliche erkennt, das sich nie ins Wesentliche umkehrt, so weil sie selbst diese Umkehrung nicht vollzieht" (15). Freilich waren die Chancen freier Selbstbestimmung und -verfügung für Frauen angesichts der Übermacht und Durchsetzungskraft männlicher Interessen wohl eher illusorisch, aber Simone de Beauvoir scheint davon auszugehen, daß ursprünglich einmal eine Situation bestanden hat, in welcher noch nichts entschieden war und insofern eine Art Gleichgewicht im Geschlechterverhältnis herrschte. „Zu klären bleibt, wieso der Mann es war, der am Anfang gewonnen hat" (17).

Jedenfalls ist die Frau nach der Meinung Simone de Beauvoirs nicht völlig unbeteiligt an dem von ihr beklagten Zustand der Unterdrückung und Unfreiheit. Zwar hat sie sich von sich selbst entfremdet, indem sie sich einem fremden Willen unterwarf, der sie von ihrer Transzendenz abschnitt und jedes Wertes beraubte, aber dafür hat sie „die Angst und die Spannung einer selbstverantwortlichen Existenz" vermeiden können. „Eine Weigerung, das Andere zu sein, eine Ablehnung der Komplizenschaft mit dem Manne hieße für die Frau, auf alle Vorteile zu verzichten, die das Bündnis mit der höheren Kaste ihr bringen kann. Der Mann als Herrscher wird die Frau als Hörige materiell beschützen und es übernehmen, ihre Existenz zu rechtfertigen" (ebd.).

1.1.1 Existenz als Mann

Da die männliche Existenz die Folie ist, auf der die weibliche Existenz als „das Andere" konturiert wird, ist eine Analyse des männlichen Selbstverständnisses aufschlußreich für die Frage der Geschlechterdifferenz und liefert erste Anhaltspunkte für die unterschiedliche Bewertung des In-der-Welt-Seins als Mann bzw. als Frau.

Simone de Beauvoir beschreibt die Existenz des Mannes als Transzendenz, d. h., er ist ein Wesen, das im Bewußtsein seiner Einzigartigkeit ununterbrochen danach strebt, die Welt und über die Welt sich selbst mit den Mitteln schöpferischer Freiheit zu gestalten. Sie führt die künstlerische Tätigkeit als Paradigma für den kreativen Überschritt über das Bestehende hinaus an: „Die Kunst, die Literatur, die Philosophie sind Versuche, die Welt neu auf eine menschliche Freiheit, auf die Freiheit des Schöpfers zu gründen" (877). In einem erweiterten Verständnis ist jeder Vollzug, in welchem ein Wert gesetzt und damit ein Sinn in die Welt gebracht wird, den sie von sich aus nicht hat, ein schöpferischer Akt, eine Transzendenz, durch die sich das schaffende Subjekt als autonom, mithin als seiner Freiheit mächtig erweist.

Der Mann reklamiert für sich, der allgemeinen Definition des Menschen als Transzendenz voll und ganz zu entsprechen. „Der Vorteil, den der Mann besitzt und der für ihn von Kindheit an spürbar ist, besteht darin, daß seine Berufung als Mensch keinen Widerspruch zu seiner Bestimmung als Mann darstellt" (844). Als *Mann* zu existieren bedeutet das gleiche wie als *Mensch* zu existieren. Nur der männliche Mensch ist Mensch in der eigentlichen und wesentlichen Bedeutung des Wortes, so daß sich der Zusatz ‚männlich' im Grunde erübrigt.

Die Gleichsetzung von Mann und Mensch erfolgt über den Begriff der Transzendenz. Transzendenz als die Bewegung des Über-sich-Hinaus, des Strebens nach Höherem objektiviert sich in einem Körper, der eben diese Merkmale der Transzendenz sinnfällig aufweist, insofern „der Phallus fleischlich die Transzendenz verkörpert" (73). „Der männliche Mensch bleibt die einzige Verkörperung der Transzendenz" (100). „Durch die Gleichsetzung von Phallus und Transzendenz ergibt es sich, daß seine (des Mannes) sozialen oder geistigen Erfolge ihm ein männliches Prestige verleihen" (844). Die Anatomie liefert somit den hervorstechenden Beweis dafür, daß der Mensch im männlichen Geschlecht objektive Gestalt angenommen hat: der Penis fungiert „als Symbol der Autonomie, der Transzendenz, der Macht" (345) und damit des Menschseins schlechthin. Im männlichen Körper als vollendetem Kunstwerk hat die Menschheit ihr höchstes Ziel versinnlicht.

Existieren im Sinne von Transzendenz ist als Akt des Setzens immer auch zugleich ein Gegen-Setzen. Die eigene Freiheit stößt auf fremde Freiheit und versucht sich dieser gegenüber zu behaupten. Selbstermächtigung geht einher mit Übermächtigung anderer Transzendenz. Für Simone de Beauvoir ist es Kennzeichen einer typisch männlichen Auffassung von Transzendenz, daß das zwischenmenschliche Verhältnis nur in den Kategorien des Kampfes: Sieg – Niederlage, Herrschaft – Knechtschaft gedacht und praktiziert wird. Das imperialistische männliche Bewußtsein will seine Überlegenheit „objektiv" demonstrieren – durch gewaltsame Unterwerfung aller den eigenen Selbstentwurf bedrohenden Setzungen unter die Botmäßigkeit authentischer Transzendenz. Wer sich von anderer Transzendenz transzendieren läßt, wird zum bloßen Objekt degradiert. Der

Verlust von Subjektivität bedeutet Selbstverlust und zugleich Weltverlust, wenn Selbst und Welt nur Wert zukommt, sofern sie als selbst gesetzte Sinn- und Wertverhalte konstituiert und mit dem Stempel der eigenen Autonomie versehen sind.

Simone de Beauvoir weist darauf hin, daß sich die männliche Auffassung der Transzendenz als einer kämpferischen Aktivität sogar am erotischen Vokabular ablesen läßt: „Der erotische Wortschatz lehnt sich an die militärische Sprache an: der Liebhaber hat das Ungestüm eines Soldaten, sein Glied ist gespannt wie ein Bogen, und bei der Ejakulation ‚entlädt‘ er, als hätte er ein Maschinengewehr, ein Kanone. Er spricht von Angriff, Sturm und Sieg" (456). Was zählt, sind nur die sichtbaren Erfolge, die ein erbeutetes Eigentum und damit einen objektiven Besitz konstituieren; sei es durch Körperbeherrschung, durch Unterwerfung einer Frau, durch Überwältigung eines Feindes oder durch Bezwingung der Natur: lauter Formen von Transzendenz, in denen sich ein undialektisches, asymmetrisches Verständnis von Freiheit zum Ausdruck bringt.

1.1.2 Existenz als Frau

Im Grunde existiert die Frau nicht nur nicht als Frau, sondern sie existiert überhaupt nicht oder allenfalls durch den Mann, der allein seiner selbst als Transzendenz mächtig ist und sich dadurch als würdiges Mitglied der Gemeinschaft der „Götter mit menschlichem Antlitz, die Zwecke und Werte definieren" (748), zu erkennen gibt. Da dem weiblichen Körper jene Ausstattung fehlt, die den männlichen charakterisiert, sie also gleichsam ohne Geschlecht ist, ist sie auch nicht Mensch. Der Mangel des Transzendenzorgans ist das äußere Zeichen für die Negativität der Frau. Sie ist alles das nicht, was der Mann ist: Er ist Subjekt, sie

Nichtsubjekt (Objekt); er ist Transzendenz, sie Nichttranszendenz (Immanenz); er ist Handelnder (Wertesetzender, Eroberer, Sieger), sie ist Nichhandelnde (Unterjochte). In ihr als dem schlechthin Anderen des Mannes verkörpert sich das Böse. „Das Andere ist die Passivität gegenüber der Aktivität, die Vielheit, die die Einheit zerbricht, der Stoff als Gegensatz zur Form, die Unordnung, die der Ordnung widersteht. So ist die Frau dem Bösen geweiht" (107).

Simone de Beauvoir macht immer wieder nachdrücklich darauf aufmerksam, daß dieses Negativbild der Frau aus der männlichen Perspektive gezeichnet ist, die die Definition des eigenen Selbstverständnisses zur Norm des Menschlichen überhaupt erhoben hat. „Die Frau ... wird ausschließlich in ihrer Beziehung zum Mann definiert"; dies ist der Grund dafür, „daß sie nicht positiv gesehen wird, so wie sie für sich ist, sondern negativ, so wie sie dem Mann erscheint" (194 f.). „Die Frau ist Frau, weil ihr die Männlichkeit fehlt" (261), und entsprechend müssen schon kleine Mädchen entgegen ihrer Selbsterfahrung lernen, daß sie „verfehlte Knaben" (367), also gleichsam zu kurz Gekommene sind, Menschen von minderer Qualität, denen es nicht vergönnt ist, ihren Körper als Anschauungsmaterial für die Bewegung der Transzendenz heranzuziehen, so daß ihnen nichts anderes übrigbleibt, als ihren Körper und alles, was damit zusammenhängt – Menstruation, Schwangerschaft usf. –, als ihr biologisches Schicksal auf sich zu nehmen.

Die Kritik Simone de Beauvoirs hat zwei Spitzen. Die eine ist gegen die Frauen gerichtet, die es nicht dazu gebracht haben, eigene, positive Werte zu setzen und sich selbst zu definieren als weibliche, der Transzendenz fähige Subjekte. Sie wirft ihnen vor, sich die patriarchalen Strukturen zu eigen gemacht zu haben, anstatt eigenständige, unabhängige Formen des Existierens als Frau entworfen zu haben. „In Wirklichkeit haben die Frauen den männlichen Werten nie weibliche entgegengesetzt; es waren Männer, die die männlichen Vorrechte wahren wollten, von denen diese Trennung erfunden wurde; sie haben nur deshalb eine weibliche Domäne – ein Reich des Lebens, der Immanenz – herstellen wollen, um die Frau darin einzusperren" (90f.). Dem Mann ist es nur deshalb gelungen, die Frau daran zu hindern, aus ihrer Immanenz auszubrechen und wahrhaft als Mensch zu existieren, weil sie es zugelassen hat, daß er sie von sich selbst her definierte und ihren Horizont durch seine – als die einzig wesentlichen ausgegebenen – Interessen begrenzte. „Ihr Leben ist nicht auf Zwecke ausgerichtet: es vergeht mit der Erzeugung oder Instandhaltung von Dingen, die immer nur Mittel sind: Nahrung, Kleidung, Wohnung – unwesentliche Mittler zwischen dem animalischen Leben und der freien Existenz. Der einzige Wert des unwesentlichen Mittels besteht in seinem Nutzen. So lebt die Hausfrau auf der Ebene des Nützlichen, und das einzige, dessen sie sich rühmt, ist, ihren Nächsten nützlich zu sein. Aber kein Existierendes mag sich mit einer unwesentlichen Rolle begnügen. Flugs macht es das Mittel zum Zweck – wie man es auch bei den Politikern sieht –, und der Wert des Mittels wird ihm zum absoluten Wert. So hat die Nützlichkeit im Himmel der Hausfrau einen höheren Platz als die Wahrheit, die Schönheit, die Freiheit, und aus dieser ihr eigenen Perspektive betrachtet sie die ganze Welt. Darum übernimmt sie auch die aristotelische Moral der goldenen Mitte, der Mittelmäßigkeit" (755).

Simone de Beauvoir appelliert an die Frauen, in einer Welt vorgegebener Werte nach ihren eigenen Werten zu suchen und sich nicht auf ihre aus der Sicht der Männer charakterisierte Sexualität festlegen zu lassen. Sie sollen sich nicht weismachen lassen, daß sie nur durch Selbstaufgabe und Unterwerfung unter das männliche Maß am Absoluten teilhaben können (812f.). Und vor allem sollen sie sich nicht durch die Religion betrügen lassen. „Es gibt eine große Rechtfertigung, einen höchsten Ausgleich, den die Gesellschaft der Frau immer zu bieten versucht hat: die Religion. Man braucht für die Frauen eine Religion, wie man eine für das Volk braucht, und aus genau den gleichen Gründen. Wer ein Geschlecht, eine Klasse zur Immanenz verurteilt, muß den Verurteilten notwendigerweise das Trugbild einer Transzendenz anbieten. Der Mann ist gut beraten, wenn er die Gesetze, die er macht, einem Gott zuschiebt" (773).

Die Frau ist zur Freiheit nicht weniger fähig als der Mann – so Simone de Beauvoirs Resümee. Aber um diese Fähigkeit auszubilden, muß sie, und zwar nicht nur sie, sondern – und dies ist die zweite, gegen den Mann gerichtete, Spitze ihrer Kritik – auch der Mann, begreifen, daß das Bild der Frau, so wie es sich heute noch in den meisten Köpfen beiderlei Geschlechts festgesetzt hat, ein Produkt des Patriarchats ist. Die Konstanz, mit der es sich durchgehalten hat und immer noch durchhält, auf ein Naturgesetz zurückzuführen, anstatt sie als die Hartnäckigkeit eines die Männer begünstigenden Vorurteils zu durchschauen, ist ein Fehler, dessen Korrektur zunehmend an Dringlichkeit gewinnt. „Die historische Tatsache kann nicht als Definition einer ewigen Wahrheit betrachtet werden. Sie drückt lediglich eine Situation aus, die sich gerade darum als historisch manifestiert, weil sie im Wandel begriffen ist" (881).

Die Geschlechterdifferenz bedarf einer Neuinterpretation, nachdem sich herausgestellt hat, daß die Gleichung Mann = Mensch nicht aufgeht und die damit verbundene Diskriminierung der Frauen auf keine Weise, erst recht nicht biologisch durch Berufung auf ‚die Natur' oder medizinisch durch Rekurs auf die Anatomie zu rechtfertigen ist. „Nicht die Natur definiert die Frau" (62f.); es sind auch nicht ihre Hormone oder Instinkte, die sie daran hindern, von ihrer Freiheit einen selbständigen Gebrauch zu machen (747). Wenn dies der Fall wäre, könnte nämlich auch der Mann sich nicht als Transzendenz verwirklichen, denn: „Der (d. h.: jeder) Existierende ist ein geschlechtlicher Körper" (70), der Mann nicht weniger als die Frau. Auch wenn ihre biologische Situation verschieden ist, läßt sich daraus kein Vorrang oder gar die Überlegenheit der männlichen Perspektive ableiten. Simone de Beauvoir formuliert drastisch: „Für Mädchen wie für Knaben ist der Körper zunächst die Ausstrahlung einer Subjektivität, das Werkzeug zum Verständnis der Welt: sie erfassen das Universum mit den Augen, mit den Händen, nicht mit den Geschlechtsteilen" (334).

Das gleiche gilt für den kategorialen Raster, mit dem die Welt rational erschlossen wird. Der den Frauen häufig vorgeworfene Mangel an Logik, an Vernunft, der von Simone de Beauvoir durchaus eingeräumt wird, hat seinen Grund nicht in einem geistigen Defekt des weniger gewichtigen weiblichen Gehirns (58), sondern zum einen darin, daß den Frauen der Zugang zu den Wissenschaften verwehrt und ihre Unmündigkeit in der Beschränkung auf den Haushalt festgeschrieben wurde; zum anderen darin, „daß die Frau die männliche Logik zurückweist. Abgesehen davon, daß diese Logik im Bereich ihrer Erfahrung nicht greift, weiß sie, daß die Vernunft in den Händen der Männer eine heimtückische Form von Gewalt annimmt... So wird er (der Mann) ihr verärgert Dickköpfigkeit und mangelnde Logik vorwerfen: sie weigert sich, das Spiel zu spielen, weil sie weiß, daß die Würfel gefälscht sind" (764 f.). Auch wenn die Frau sich über Art und Ausmaß ihrer Ausbeutung durch den Mann noch nicht voll im klaren ist, hat sie doch intuitiv begriffen, daß die Kategorien der männlichen Logik am Modell eines Ideals von Transzendenz gewonnen sind, das die Ausübung von Gewalt über alles, was nicht von der Art des Subjekts ist, ver-herr-licht. „Der Mann erwartet vom Besitz der Frau etwas anderes als bloße Triebbefriedigung: sie ist das bevorzugte Objekt, über das er die Natur unterwirft ... eine sinnliche Inbesitznahme der Erde" (211).

Noch weit davon entfernt, wahrhaft als Frau zu existieren, ist die moderne Frau doch immerhin unterwegs zum Entwurf ihrer selbst, den sie als ihren eigenen anerkennen kann. „Die freie Frau wird gerade erst geboren" (881). Die Einsicht, daß Körpererfahrung etwas ist, das sie am eigenen Leibe vollziehen muß, um sich ihrer ureigenen Vorstellung von Weiblichkeit zu versichern und darauf ihren Entwurf einer *menschlichen* Existenz in geschlechtlicher Besonderung zu gründen, setzt die Erkenntnis voraus, daß sie weder biologisch noch psychisch, noch ökonomisch determiniert ist (334), daß ihr faktisches Selbstverständnis soziokulturell und historisch vermittelt ist und es nun an ihr liegt, sich als sie selbst zu definieren, ohne dabei den doppelten Fehler zu begehen, sich des männlichen Verständnisses von Transzendenz als Vorbild zu bedienen und ihren Selbstentwurf als allgemeinmenschlichen zu verabsolutieren.

1.1.3 Existenz als Mensch

Nach Simone de Beauvoir „denkt der Mensch sich immer, indem er das *Andere* denkt. Er begreift die Welt im Zeichen der Dualität, die zunächst aber keinen geschlechtlichen Charakter hat" (95). Diese Dualität, die an allem, was ist, erfaßt wird und auch das Lebendige durchzieht, ist für die Reflexion insofern ein Stein des Anstoßes, als das Interesse der Vernunft auf Einheit zielt. Alle Zwecksetzungen und Sinngebungen sind letztlich nichts anderes als Versuche, die

Zweiheit durch Einheitsentwürfe zu überwinden, im Vollzug der Transzendenz das Viele, in sich Zerrissene auf das grundlegende Eine, vom Menschen Gesetzte hin zu überschreiten.

Das Faktum der Dualität und das sich daran entzündende Streben nach Einheit kennzeichnet aus Simone de Beauvoirs existentialistischer Sicht die Grundsituation des Menschen, der eben durch diese Konstellation zur Transzendenz aufgerufen ist. Um seine Identität zu finden, muß er seine gesamten Anstrengungen darauf richten, sich denkend, fühlend, wollend und handelnd zu einer Einheit mit sich selbst zusammenzuschließen.

Für Simone de Beauvoir ist es nun entscheidend, welche Qualität dem Anderen bei der Suche nach der Einheit zuerkannt wird. Dualität bedeutet Zweipoligkeit. Wenn ich der eine Pol bin, wie verhalte ich mich dann zu dem anderen Pol, der aus meiner Sicht Nicht-Ich ist? Aus den bisherigen Ausführungen geht hervor, daß Simone de Beauvoir die männliche Entscheidung für die Unterdrückung und Beherrschung des Anderen ablehnt. Wie die von uns überblickbare Geschichte zeigt, hat die Überzeugung, Einheit könne dauerhaft nur durch Kampf und Sieg des Stärkeren hergestellt werden, nicht nur die eine Hälfte der Menschheit ihrer Freiheit beraubt, sondern auch im männlichen Lager selber nur wieder neue, tiefgreifendere Zerrissenheiten hervorgebracht, die durch hierarchische Strukturen und Klassensysteme zementiert werden und doch die Einheit von der Basis her ständig gefährden.

Simone de Beauvoir schlägt ein anderes Verständnis von Einheit vor, das das Andere nicht ausschließt, sondern als einen für den eigenen Identitätsentwurf unverzichtbaren Partner in die Sinnsetzung integriert. „Der Geschlechterkampf ist nicht unmittelbar in der Anatomie des Mannes und der Frau enthalten" (883). Die Bemühungen des Mannes, der Frau die Transzendenz streitig zu machen, sind ebenso verfehlt wie die Versuche der Frau, den Mann in das Gefängnis ihrer Immanenz hineinzuziehen, weil in beiden Fällen der Preis die Freiheit ist. Die Freiheit steht jedoch auch dann auf dem Spiel, wenn die emanzipierte Frau, der es gelungen ist, sich aus ihrem Gefängnis zu befreien, sich das männliche Selbstverständnis einverleibt und entsprechend der Kampfeinstellung dem Anderen als feindliches Gegenüber begegnet. „Es sind zwei Transzendenzen, die hier aufeinanderstoßen. Statt sich gegenseitig anzuerkennen, will jede Freiheit die andere beherrschen" (884). „In Wirklichkeit ist der Mann genau wie die Frau Fleisch und folglich Passivität, ein Spielball der Hormone und der Art, eine ängstliche Beute des Begehrens. Und im Fieber der fleischlichen Lust ist die Frau genau wie der Mann Einwilligung, freiwillige Gabe, Aktivität. Sie leben jeder auf seine Art die seltsame Doppeldeutigkeit der Fleisch gewordenen Existenz. Bei den Kämpfen, bei denen sie glauben, gegeneinander anzutreten, kämpft jeder gegen sich, indem er den verschmähten Teil seiner selbst in den Partner hinein entwirft. Statt die Ambiguität der eigenen Existenzbedingungen zu leben, versucht jeder, alles Niedrige auf den anderen abzuwälzen und sich selbst das Ehrenwerte vorzubehalten" (895).

Simone de Beauvoir setzt an die Stelle des Geschlechterkampfes, der die Geschlechtsdifferenz in alle Ewigkeit festzuschreiben sucht, den „Austausch von zwei Objekten gleicher Güte" (889). Ein solches Verhältnis wechselseitiger Anerkennung setzt einen Begriff von Gleichheit voraus, der die Verschiedenheiten nicht einebnet, sondern als ein positives Moment von Einheit begreift, einer Einheit freilich, die nicht Ergebnis einer Überwältigung, sondern eines Seinlassens des anderen ist: „wenn beide einander als Subjekt anerkennen, wird jeder doch für den anderen ein *anderer* bleiben" (899). Die Intersubjektivität als das Verbindende, das Verschiedene in eine Gleichheit Integrierende, eröffnet die Möglichkeit für eine Freiheit, die nicht auf Kosten der Freiheit des anderen Individuums gewonnen ist, sondern den eigenen Selbstentwurf im Hinblick auf die beiden Seiten gemeinsame Verpflichtung der Achtung des anderen als einer gleichberechtigten Transzendenz konzipiert und verwirklicht. Simone de Beauvoir bezeichnet die Qualität dieses Geltenlassens des anderen – nicht nur um der Würde seiner Freiheit willen, sondern auch aus Mitgefühl für die im Körperlichen angelegten Spannungen – als Brüderlichkeit, wobei Brüderlichkeit nur ein anderes Wort für Menschlichkeit ist. „In beiden Geschlechtern spielt sich das gleiche Drama von Fleisch und Geist, von Endlichkeit und Transzendenz ab. An beiden nagt die Zeit, auf beide wartet der Tod, beide sind gleichermaßen wesentlich aufeinander angewiesen. Und beide können den gleichen Ruhm aus ihrer Freiheit beziehen: wüßten sie diese zu genießen, hätten sie keine Lust mehr, sich um trügerische Privilegien zu streiten. Sie könnten zur Brüderlichkeit finden" (896).

Simone de Beauvoir hat den Einwand, daß ihr Projekt einer brüderlichen Gemeinschaft von Männern und Frauen utopisch sei, zurückgewiesen (ebd.). Zwar räumt sie ein, daß ohne ein Umdenken der Männer weder die für ein unabhängiges Dasein als Frau notwendigen ökonomischen Veränderungen durchgesetzt werden können noch ein Erziehungsprogramm zustande käme, das die weiblichen Kinder nicht mehr durch permanente Einübung in einen Minderwertigkeitskomplex benachteiligt. Dennoch ist sie fest davon überzeugt, daß die Frauen „über kurz oder lang eine vollkommene ökonomische und gesellschaftliche Gleichheit errungen haben werden, was einen inneren Wandel nach sich ziehen wird" (ebd.). Sie könnten sich ja auch selber tatkräftig am Prozeß des Umdenkens beteiligen, indem sie sich das Paradox zunutze machen, das Simone de Beauvoir bezüglich der Erziehung konstatiert: „In dem Nebeneinander von verachtender Geringschätzung, die man den Frauen angedeihen läßt, und repektvoller Hochachtung, mit der man die Mütter umgibt, liegt eine Unaufrichtigkeit ohnegleichen. Es ist ein sträfliches Paradox, der Frau jede öffentliche Tätigkeit zu verweigern, ihr männliche Karrieren zu verschließen, sie auf allen Gebieten für unfähig zu erklären und ihr gleichzeitig ein Unternehmen anzuvertrauen, das man wohl als das heikelste, das ernsteste überhaupt bezeichnen kann: einen Menschen zu formen" (663). Hier hätte die Frau eine wesentliche Möglichkeit, von ihrer Freiheit einen positiven Gebrauch zu machen, indem sie sich bemüht, der nächsten Generation von Menschen ein brüderliches, mitmenschliches, nicht mehr dem Kampfparadigma verpflichtetes Selbstverständnis zu vermitteln.

1.1.4 Kritische Einwände

Simone de Beauvoirs Thesen haben in den mehr als vierzig Jahren seit Erscheinen von „Das andere Geschlecht" nichts an Brisanz verloren – schon dies ist angesichts der Schnellebigkeit unserer Zeit und der damit verbundenen Veraltensgeschwindigkeit wissenschaftlicher Forschungsergebnisse ein erstaunlicher Befund. Als sie 1986 starb, wurde in vielen Nachrufen dieses Werk besonders gerühmt, nicht zuletzt wegen der befreienden Wirkung, die es auf Angehörige beiderlei Geschlechts ausübte.

Aber es wurden auch kritische Stimmen laut. Vor allem aus dem feministischen Lager wurde Protest gegen den „existentialistischen Manneskult" erhoben, den Simone de Beauvoir mit ihrer Übernahme von Sartres Position betrieben habe.³ Natürlich ist die Frage berechtigt, ob die Charakterisierung des menschlichen Existenzvollzugs als Transzendenz zutreffend ist. Aber sie bloß aus dem Grund abzulehnen, weil das Konzept von einem Mann stammt, ist unsachlich und geht an der eigentlichen Pointe von Beauvoirs Ausführungen vorbei. Sie wollte ja gerade das Mißverständnis der männlichen Interpretation von Freiheit aufdecken und die darauf gegründeten Verhaltensmuster als einseitige und ungerechte Verallgemeinerungen entlarven. Ihr Ansatz bei der Freiheit als anthropologischem Ausgangspunkt noch diesseits der Geschlechterdifferenz ist der Versuch, einen allen Menschen, unangesehen ihrer geschlechtlichen und individuellen Besonderheiten, zugänglichen und gemeinsamen Standort zu bezeichnen, auf dem Aussagen über das Allgemeinmenschliche formuliert werden können, denen im Hinblick auf die Beurteilung des Faktischen Maßstabfunktion zukommt.

Andere Autorinnen haben Vorschläge unterbreitet, wie der Beauvoirsche Ansatz weiterentwickelt werden könnte. Monique Wittig ist dabei am weitesten gegangen, indem sie nicht nur die Zweiteilung des kulturell geprägten Geschlechts (engl.: *gender*), die Geschlechterdifferenz also, sondern auch die Zweigeteiltheit des natürlichen Geschlechts (*sex*), die sexuelle Differenz, für das Produkt einer politischen Setzung im Rahmen eines binären Gesellschaftssystems hält. „Sex ... wird als ‚unmittelbar Gegebenes', als sinnlich Vorhandenes, als ein Komplex ‚physischer Merkmale' aufgefaßt, der einer natürlichen Ordnung angehört. Aber das, was wir für eine physische oder direkte Wahrnehmung halten, ist bloß eine ausgeklügelte und mythenhafte Konstruktion, eine ‚imaginäre Formation', die

---

³ So z. B. M. Janssen-Jurreit: Sexismus, Frankfurt a. M. 1979, 378.

physische Gegebenheiten (die an sich so neutral sind wie alle anderen, jedoch markiert durch ein gesellschaftliches System) reinterpretiert, und zwar mit Hilfe des Beziehungsnetzes, in welchem sie perzipiert werden."[4]

Monique Wittig behauptet demnach, daß die sexuelle Differenz nichts natürlich Gegebenes ist, sondern Interpretation im normativen Horizont einer von Männern diktierten Körperbestimmung, der entsprechend die die Sexualität konstituierenden Merkmale unter dem Gesichtspunkt der Reproduktion ausgewählt wurden. „Wir sind gezwungen worden, körperlich wie geistig, und Zug um Zug, einer *Idee* von Natur zu entsprechen, die für uns etabliert wurde... Daß wir uns selbst oder andere als ‚Männer' und ‚Frauen' erfahren, sind politische Kategorien und keine natürlichen Fakten."[5] Sex als politisches Konstrukt müsse abgeschafft werden, wie Monique Wittig in ihrem Buch „Le corps lesbien" ausführt.[6] An die Stelle einer binären müsse eine geschlechtslose Gesellschaft treten, deren ‚lesbische' Normen geschlechtsunspezifisch seien und insofern eine allgemeinmenschliche Verbindlichkeit besäßen.

Judith Butler hat gegen Wittigs Radikalisierung von Beauvoirs Ansatz eingewendet, ihr erscheine die Argumentation „kontra-intuitiv, weil wir die sexuelle Differenz ständig vor Augen haben und sie uns als unmittelbar gegebene Erfahrung vorkommt"[7]. Sie erkennt jedoch an, „daß der Angriff auf das dyadische Geschlechssystem, den Beauvoirs Theorie erlaubt... zugleich auch ein Angriff auf jene femi-

---

[4] M. Wittig: One is Not Born a Woman, in: Feminist Issues 1,2; 48.
[5] Ebenda, 47.
[6] Paris 1973; deutsche Übersetzung: Aus deinen zehntausend Augen Sappho, Berlin 1977.
[7] J. Butler: Variationen zum Thema Sex und Geschlecht, in: Weibliche Moral. Die Kontroverse um eine geschlechtsspezifische Ethik, hg. v. G. Nunner-Winkler, Frankfurt/New York 1991, 56–76; zit. 65.

nistischen Positionen ist, die die sexuelle Differenz für unhintergehbar halten und die der spezifisch weiblichen Seite dieser binären Opposition zum Ausdruck verhelfen wollen"[8]. Das Problem allerdings, das sich ihr im Zusammenhang mit der Erkenntnis stellt, daß die Definition des Geschlechts als eine kulturelle Interpretation des natürlichen Geschlechts, der Körper demgemäß als kultureller Ort von geschlechtlichen Bedeutungen aufzufassen sei, artikuliert sich in der Frage, „welche Aspekte dieses Körpers natürlich oder frei von kulturellen Prägungen sind. Wie, so läßt sich zugespitzt fragen, können wir jemals den Körper finden, der seiner kulturellen Interpretation vorausgeht? Wenn das Geschlecht die Verkörperung der Wahl und die Akkulturation des Körperlichen ist, was ist dann noch übrig von der Natur? Was ist aus dem rein biologischen Geschlecht geworden?"[9] Wenn durch die freie Selbstwahl, den Entwurf als Transzendenz, jeweils ein Überschritt über den natürlichen Körper hinaus auf den akkulturierten Körper hin erfolgt, konzentriert sich alles Bemühen um Geschlechtsidentität auf die Aufgabe, „Kulturgeschichte gleichsam am eigenen Leib zu erneuern". Entsprechend heißt ein Geschlecht wählen, „gegebene Geschlechtsnormen zu interpretieren und sie so zu reproduzieren und neu zu organisieren"[10]. Während die männliche Geschlechtsidentität sich traditionell über die Setzung des Ich als eines nichtverkörperten Intellekts herstellte, wurde in die Frau der vom Mann für sich selbst unterdrückte, verleugnete Körper hineinprojiziert, so daß die weibliche Geschlechtsidentität generell durch Identifizierung mit der Körper-

---

[8] Ebenda, 71.
[9] Ebenda, 57.
[10] Ebenda, 61.

sphäre bestimmt wurde.[11] Nachdem diese Bestimmungen des männlichen und des weiblichen Geschlechts als das durchschaut waren, was sie sind, eben Interpretationen, Setzungen, Selbstprojektionen, bleibt für Judith Butler unklar, „ob das Geschlecht in irgendeiner Weise mit dem Sex (= dem natürlichen Geschlecht) in Verbindung gebracht werden muß, oder ob diese Verbindung nicht selber bereits eine kulturelle Konvention ist"[12], wie Monique Wittig behauptet hat. Und worin besteht, so oder so, das essentiell Weibliche – jenseits aller Biologisierung und Fremdbestimmung?

1.2 „Das Geschlecht, das nicht eins ist" (Luce Irigaray)

Die Arbeiten der Psychoanalytikerin Luce Irigaray zeichnen sich nicht wie die Untersuchungen Simone de Beauvoirs durch einen kristallklaren Stil aus, sondern durch eine postmoderne Verquickung klassischer philosophischer Theoreme mit dem psychoanalytischen Ansatz Jacques Lacans, die versatzstückartig ineinander verwoben werden. Das macht die Lektüre nicht gerade leicht, zumal Luce Irigaray in ihrem Bemühen, gegen und durch den herr-schenden Diskurs hindurch einen spezifisch weiblichen Diskurs zu etablieren, Bilder, Mythen und Visionen ausbreitet, die hohe Anforderungen an die Imaginationskraft stellen.

Zu ihrem Verfahren bemerkt sie, sie wolle philosophische Texte „wieder aufbrechen", um „die *Differenz der Geschlechter* in den selbstrepräsentativen Systemen eines ‚männlichen Subjekts' *auszulöschen* ... Bei dieser erneuten interpretierenden Lektüre ist das Vorgehen immer auch ein

---

[11] Ebenda, 62 f.
[12] Ebenda, 64.

psychoanalytisches. Also ein Aufmerken auf die Funktionsweise des Unbewußten jeder Philosophie und vielleicht der Philosophie im allgemeinen" (GnE, 76 f.). [13] Ein grandioses Beispiel für diese Art von Textanalyse ist Irigarays Deutung des platonischen Höhlengleichnisses [14], in welcher sie geradezu verblüffende Analogien zwischen der Beschaffenheit der Höhle und den weiblichen Geschlechtsorganen aufzeigt. Sie bringt das Speculum als Instrument des Gynäkologen in Verbindung mit dem spekulativen Blick des Philosophen, dessen Hysteroskopie Vagina, Hymen und Gebärmutter in ein metaphysisches Modell des Kosmos transponiert, von dem seine Schüler zu entbinden der Mäeutiker Sokrates seine Hebammenkünste aufbietet.

Das Anliegen Luce Irigarays kommt im deutschen Titel eines ihrer Werke sehr schön zum Ausdruck: Das Geschlecht, das nicht eins ist. Diese These enthält mehrere Implikationen. Sie besagt erstens, daß es nicht bloß *ein* Geschlecht im numerischen Sinn gibt, sondern zwei Geschlechter. „Die Natur ... ist immer geschlechtlich differenziert" (GG, 171). „Die geschlechtliche Differenzierung (ist) ein grundlegendes Charakteristikum der lebendigen Materie" (GG, 292).

Zweitens kann die Wendung ‚das Geschlecht, das nicht eins ist', auch auf die Frau bezogen werden, insofern Irigaray verschiedentlich darauf hinweist, daß die Frau nicht wie der Mann nur ein Geschlechtsteil besitzt, sondern deren zwei. Das Bild der beiden sich berührenden Schamlip-

---

[13] Die Schriften Luce Irigarays werden folgendermaßen zitiert: GnE = Das Geschlecht, das nicht eins ist, Berlin 1979; Sp = Speculum, Spiegel des anderen Geschlechts, Frankfurt a. M. 1980; EsD = Ethik der sexuellen Differenz, Frankfurt a. M. 1991; GG = Genealogie der Geschlechter, Freiburg 1989; ZD = Zeit der Differenz. Für eine friedliche Revolution, Frankfurt a. M. / New York 1991.
[14] Vgl. „Die hystéra von Platon", in: Sp 301–464.

pen als Symbol für eine nichtfeindliche Zweiheit zieht sich durch ihr gesamtes Werk. „Für die Frau, eine Frau teilt sich Zwei nicht in Eins und Eins. Die Beziehungen schließen die Durchtrennung der Einheit aus" (Sp, 294). „Die Frau ‚berührt sich' immerzu ... da ihr Geschlecht aus zwei Lippen besteht, die sich unaufhörlich aneinander schmiegen. Sie ist also in sich selbst schon immer zwei, die einander berühren, die jedoch nicht in eins (einen) und eins (eine) trennbar sind" (GnE, 23). „Schwelle, bestehend aus *Lippen*, die keine dichotomischen Gegensätze sind ... Lippen, die sich übrigens kreuzen wie die Balken des Kreuzes, dem Prototyp der Kreuzung *zwischen*. Die Lippen des Mundes und die des Geschlechts haben nicht die gleiche Ausrichtung. Sie sind gewissermaßen entgegengesetzt zu der erwarteten Richtung angeordnet: die ‚unten' sind vertikal" (EsD, 27).

Drittens schließlich kann in der Wendung ‚das Geschlecht, das nicht eins ist' das ‚nicht eins' auch in der Bedeutung von uneins aufgefaßt werden. In dem Fall ist das traditionelle Verhältnis der Geschlechter zueinander aus der Sicht der Feministinnen angesprochen, die wie Luce Irigaray gegen die patriarchale Gesellschaft den Vorwurf erheben, sie habe die beiden natürlichen Geschlechter auf eines, das männliche, reduziert und dabei den Unterschied zwischen *Geschlecht* im Sinne von *Gattung* (genre) und von *Sexualität* (sexe) eingezogen. „Das Geschlecht wird mit der Gattung durcheinandergebracht. Es wird als menschliches Geschlecht, als menschliche Natur etc. definiert." „Seit Jahrhunderten verwechselt das Volk der Männer das menschliche Geschlecht mit dem *Pathos* seines Geschlechts ... Statt wirklich *zwei* Geschlechter anzuerkennen und eine Erkenntnis vom anderen zu akzeptieren, die von einem Geschlecht kommt – eine Erkenntnis an sich und für sich –, behauptet das Volk der Männer, die ganze Wahrheit zu besitzen" (GG, 21, 182 f.).

1.2.1 Der männliche Geschlechterdiskurs

In einer ebenso sachlichen wie ironischen Auseinandersetzung mit Freuds Ausführungen über „Die Weiblichkeit" bringt Luce Irigaray die typisch männliche Sicht der Frau auf den Punkt. Ursprünglich bisexuell, entwickelt sich das weibliche Kind nach Freud dadurch zu einem Mädchen, daß es die Erfahrung macht, kein Geschlecht zu haben. Es muß feststellen, daß es keinen Penis hat und aufgrund dieser phallischen Verkümmerung ein benachteiligter kleiner Mann ist. „Ein Mann minus der Möglichkeit, sich als Mann zu (re-)präsentieren = eine normale Frau" (Sp, 30). Die Minderwertigkeit der Frau als eines kastrierten Mannes, dem alles das fehlt, was einen echten Mann auszeichnet, klingt in Freuds Analyse stets unüberhörbar durch, auch wenn er am Schluß einräumt, „daß wir das Weib nur *insofern* beschrieben haben, *als sein Wesen durch seine Sexualfunktion bestimmt wird*". Doch er fährt fort: „Dieser Einfluß geht freilich sehr weit, aber wir behalten im Auge, daß die einzelne Frau auch sonst ein *menschliches Wesen* sein mag" (Sp, 165).

Worauf es Irigaray ankommt, ist zu zeigen, daß Mädchen und Frauen sich nicht von sich selbst her, aufgrund ihrer eigenen Körpererfahrung gleichsam als Negativschablone des Männlichen bestimmen, sondern daß „die Festlegung auf sichtbare Parameter der (sogenannten) männlichen Sexualität" (Sp, 59) es ist, die es erlaubt, das weibliche Geschlecht wegen des Fehlens der (männlichen) Sexualorgane als nicht vorhanden und entsprechend als mangelhaft ausgestattet zu behaupten. Nur unter Zugrundelegung sichtbarer Genitalien *als Norm* des Geschlechtlichen überhaupt erscheint die Frau unter dem Gesichtspunkt der Sexualität als „das Nichts vom Ganzen". „Frau steht als Zeichen für das Undefinierbare, Unzählbare, Unformulierbare, für das *Nichtfor-*

malisierbare. Ein allgemeiner Name, der nicht in bezug auf eine Identität bestimmt werden kann" (Sp, 282, 285). In Ermangelung jedweder positiver Bestimmung dessen, was die Frau als Geschlechtswesen ohne die Entfremdung durch den männlichen Blick an sich und für sich selbst ist, wird sie auf das Nichts, die pure Leere reduziert: „in Verbindung mit dem *Einen,* dem Phallischen", funktioniert sie nur noch „als *Loch"* (Sp, 287).

In der Alltagssprache nicht weniger als in der Wissenschaftssprache ist die Frau als sie selber inexistent, da ihre Thematisierung ausschließlich über die männlichen Repräsentationssysteme erfolgt, in denen der Mann das Subjekt des Diskurses ist. Da dieses Subjekt „sich immer männlich bestimmt hat, auch wenn es vorgab, universell oder neutral zu sein: der Mensch" (EsD, 12 f.), taucht die Frau in der Sprache nur als nichtmännliches Objekt auf, das keine eigenständigen Qualitäten besitzt. Diese in eine „Logokratie" mündende „Phallokratie" ist insofern fatal, als sie ungerechtfertigterweise etwas verallgemeinert und zur allgemeinmenschlichen Norm erhebt, das lediglich ein Allgemeines männlicher Selbsterfahrung ist. Irigaray stellt klar, daß es sich dabei um *„sein* Neutrales handelt und nicht um eine absolute Neutralität" (GG, 188). Im Namen dieser angeblich absoluten Neutralität wurde ein Logos des Menschen schlechthin gesetzt, der die Frau „als kastriert, vor allem als sprachlos definiert, der sie aussperrt von allen Aufgaben, es sei denn, sie prostituiert sich im Interesse der herrschenden Ideologie" (Sp, 180).

Luce Irigaray fragt sich, woher die Männer diese von ihnen mit größter Selbstverständlichkeit in Anspruch genommene „geschlechtsneutrale Mentalität" haben (GG, 151). Ihre Vermutung geht dahin, daß deren Wurzel religiöser Natur ist, ein puritanischer Glaube an die unüberbietbare Einheit eines körper- und geschlechtslosen Geistes. In ihrer

Auseinandersetzung mit Freud verweist sie auf den männlichen „Traum von Identität, von Äquivalenz, Analogie, Homologie, Symmetrie, Vergleich, Imitation" (Sp, 31), der zum Terror eines Postulats von Selbigkeit geführt hat, das keinerlei Differenz mehr erträgt. Entsprechend wird alles Viele und Differente, insbesondere die sexuelle Differenz, auf eine in sich gegensatzlose Einheit und Selbigkeit zurückgeführt, die als geschlechtslos ausgegeben wird, sich jedoch in Wirklichkeit am Mann als „Eichmaß des Selben" orientiert (ebd.). Freud kann sich demzufolge die Entwicklung weiblicher Kinder nur am Leitfaden der Entwicklungsphasen männlicher Kinder vorstellen, d. h. „einer der Vernunft des Phallus gehorchenden Währung" (Sp, 24). Warum, so fragt Irigaray provokativ, wird nicht der „Neid" der Männer auf das analysiert, was der Mann nicht hat, auf die Gebärmutter zum Beispiel? Weshalb wird es nicht als Benachteiligung der Natur aufgefaßt, daß jedes Individuum nur mit einem Geschlecht versehen ist und das Fehlen des jeweils anderen Geschlechts als Mangel empfindet (Sp, 63)? In dem Fall würde wenigstens erkannt, daß die phallische Norm als allgemeinmenschliche eine angemaßte Norm ist und die „wahre" Norm eigentlich eine doppelgeschlechtliche sein müßte.

Die Folgen des männlichen Diskurses sind jedoch nicht nur für die Frauen, sondern auch für die Männer selber unmenschlich, wie Irigaray am philosophischen Diskurs erläutert. Die Philosophen, als die Hüter des Allgemeinen, haben mit der Verabsolutierung des Prinzips der Identität das Prinzip der Sinnlichkeit entwertet. Mit der Setzung des Logos haben sie ihr Verständnis von Einheit ins rein Geistige projiziert, in ein Transzendentes, „das seine Brücken zum Sinnlichen abgebrochen" hat. „Die Zerrissenheit des Subjekts ist programmiert durch die *episteme* und die Machtstrukturen, die sie errichtet" (EsD, 23, 148). Zwar kehrt in den Bildern des Transzendenten die verdrängte Geschlechtlichkeit auf vielfach sublimierte Weise wieder, wie Irigaray in „Ethik der sexuellen Differenz" an Texten von Aristoteles und Spinoza zu belegen sucht[15], aber das ändert nichts daran, daß mit der Entscheidung für den Logos und seine einheitsstiftende Funktion auch eine bestimmte Logik gewählt wurde, eine Identitätslogik, die sich aus dem Bereich der Empirie zurückgezogen hat, anstatt ihn zu durchdringen und das Differente so ins Verhältnis zueinander zu setzen, daß nicht eines seiner Glieder dem anderen abstrakt aufgeopfert wird, sondern ein konkretes Wechselverhältnis entsteht. Die rigorose Setzung eines Identitätsprinzips, das jede Verschiedenheit als minderwertig aus dem Bereich des allein als wesentlich Behaupteten ausschließt, hat die eigentliche Entzweiung von Natur und Geist systematisch herbeigeführt.

Im Hinblick auf die reale Verschiedenheit der Geschlechter ergibt sich aus der Reduktion alles Besonderen, Einzelnen auf ein abstrakt Allgemeines im männlichen Diskurs ein Doppeltes: Zum einen wird um der Einheit willen der Frau kein eigenes Geschlecht zugestanden; sie wird als Fehlform des Mannes definiert. Zum anderen wird um einer vorgeblichen Neutralität willen auch die eigene, männliche Geschlechtlichkeit geleugnet und allem Körperlichen insgesamt ein eigenständiger Wert abgesprochen. „Nachdem sie das Fürsich des Bewußtseins beseitigt haben ... zerstört das Volk der Männer das Ansich des Sinnlichen und sein Werden zum Ansich und Fürsich" (GG, 181).

Luce Irigaray sieht in dieser zerstörerischen Desavouierung der Sinnlichkeit, die als „vom Mann vollzogene Einkerkerung des anderen Geschlechts und des Schattens des

---

[15] Vgl. EsD, 46–70, 101–114.

eigenen Geschlechts in sich selbst" (GG, 182) einer Selbstentmannung, ja Selbstentmenschung gleichkommt, einen möglichen Grund für den Siegeszug der Technik über das Lebendige. „Vielleicht hat diese Ohnmacht den Mann der Technik ausgeliefert? Das ist möglich. Weil er geschlechtlich, sexuell nicht lebendig ist, ist er vielleicht zur Maschine geworden? Das ist möglich. Unser Zeitalter scheint es zu bestätigen. Vielleicht mußte er so weit gehen, um zu begreifen, daß es notwendig ist, zu den Ursprüngen des Niedergangs unserer Kultur zurückzugehen, der von dem Tag zu datieren scheint, als ein Geschlecht sich der Wurzeln des anderen bemächtigte und Parasit von ihnen wurde ... als ein Geschlecht seine eigenen Wurzeln verlor und sich als unsterbliches und geistiges aufrichtete, ohne sich seines Wachstums als sterbliches zu vergewissern" (GG, 196).

1.2.2 Der weibliche Geschlechterdiskurs

Luce Irigaray will nun nicht den Fehler der Männer, nur mit umgekehrtem Vorzeichen, wiederholen, indem sie das weibliche Selbstverständnis zum Eichmaß der sexuellen Differenz erhebt, denn es gilt grundsätzlich: „ein Geschlecht und sein Mangel, sein Schwund, sein Negativ, das ergibt keine zwei Geschlechter" (GnE, 165). Den Phallozentrismus durch einen Vaginal- oder Gebärmutterzentrismus zu ersetzen, würde im Sinne des falsch verstandenen Identitätsprinzips wiederum einseitig und ungerechtfertigt etwas als Gesamtmenschliches setzen, das nur Teil eines Ganzen ist, ohne Verfügungsberechtigung über die andere Hälfte. Für Irigaray wird „jedes Tun ... zur Schuld, wenn das Selbst sich *einem* angleicht und nicht *zwei*, wenn es sich *dem Selben* seiner Entzweiung angleicht und das andere ignoriert" (GG, 185). Worauf sie im Gegensatz zum männlichen Diskurs das Gewicht legt, ist die durch dessen Logik ausgeschlossene Sinnlichkeit. Sehr zum Ärger mancher Feministin, die um Anerkennung gleicher intellektueller Fähigkeiten kämpft, rekurriert Luce Irigaray immer wieder von neuem auf die körperliche Selbstempfindung, ohne die alle Gebilde des Geistes für sie leer und unerfüllt sind. Begriffe wie Wollust und „das Muköse" (= das Schleimige, die Intimität lebendigen, mit einer Schleimhaut ausgekleideten Fleisches Charakterisierende) deuten die Dimension an, die Irigaray in ihren Überlegungen als wesentliche Bestandteile eines weiblichen Geschlechterdiskurses mit einbezieht.

Dabei geht es ihr gerade nicht darum, die Frau auf ihr biologisches Geschlecht zu reduzieren, um von dorther spezifisch weibliche Bedürfnisse geltend zu machen. Vielmehr liegt ihr daran, trotz der als solche unverfügbaren Verschiedenheit der Geschlechter eine gemeinsame Plattform zu finden, einen Ort der Begegnung, der nicht von vornherein unter dem Zeichen des Kampfes steht. „Denn das Geschlecht ist nicht nur eine physiologische, biologische Angelegenheit, eine Angelegenheit des privaten Lebens, animalischer Verhaltensweisen oder vegetabilischer Fruchtbarkeit. Es stellt die unaufhebbare Differenzierung dar, die durch das *menschliche Geschlecht* hindurch verläuft. Das Geschlecht stellt den nicht ersetzbaren Ort für die Position des *Ich* und des *Du* für ihre Ausdrucksformen dar" (GG, 264).

Doch um herauszustellen, daß das weibliche Geschlecht eine eigenständige Kategorie und nicht bloß eine durch Privation bestimmte Subkategorie des männlichen Geschlechts ist, scheut sich Irigaray nicht, die Lust zu beschreiben, die die Frau vermittels ihrer Sexualorgane empfindet (vgl. Sp, 33 ff.; GnE, 22 f.). Ergänzt werden diese Beschreibungen durch die Analyse der inneren Wahrnehmung des Mukösen in „der pränatalen Nacht und im Dunkel der Liebe ... Ein Denken des Weiblichen oder als weibliches muß das Muköse denken. Es ist unmöglich, einen nicht den traditionellen hierarchischen Strukturen unterliegendes Denken der sexuellen Differenz zu entwickeln, ohne das Muköse einzubeziehen" (EsD, 131).

Irigaray benutzt die Kategorie des Mukösen als Gegenbegriff gegen die auf statisches Sein, ewige Präsenz zielenden Begriffe der männlichen Identitätslogik, deren instrumentalisierende, das Lebendige tötende Absicht sie am Bild des Spiegels festmacht. „Gleichsam im Gegensatz zum Schleimigen, zur lebendigen, porösen Haut, im Gegensatz zu fließenden Differenzierungen und Möglichkeiten von Übereinstimmung ist der Spiegel Waffe zu eisiger und auch polemischer Distanzierung" (GG, 108). Der Spiegel, der das abstrakte Denken repräsentiert, steht im Dienst des Einen, das alles Nichteine rigoros unter seine Botmäßigkeit zwingt. Dem vom Sinnlichen absehenden Logos der Selbigkeit stellt Irigaray ein Konzept entgegen, das sie als „das ANDERE des GLEICHEN" bezeichnet (GnE, 104). „Überlassen wir ihnen[16] das Eine: Privileg, Herrschaft, Solipsismus des Einen, auch der Sonne. Und diese merkwürdige Aufteilung ihrer Paare, wo das Andere das Abbild des Einen ist. Nur Abbild ... Ermüdende Arbeit der Verdoppelung, der Mimesis, worin sich die Bewegung unseres Lebens erschöpft." „Wir brauchen uns nicht ein zweites Spiegelgesicht zu schaffen, um ‚doppelt' zu sein. Uns zu wiederholen: ein zweites Mal. Vor aller Repräsentation sind wir zwei" (GnE, 213, 223).

Die sexuelle Differenz ist der Interpretation Irigarays zufolge nicht als eine Form der Entzweiung aufzufassen, so als habe sich ein Ganzes in zwei für sich betrachtet unvollkom-

---

[16] Gemeint sind die Philosophen, insbesondere Platon (vgl. die Gleichnisse, speziell das Sonnengleichnis im Dialog ‚Politeia', am Ende des 6. Buchs, 508aff.).

mene Hälften aufgespaltet, die um jeden Preis wieder zusammengefügt werden müssen. Ohne zu bestreiten, daß die Frage der Einheit im Kontext des Geschlechterdiskurses eine wesentliche Rolle spielt, beharrt sie darauf, daß von Einheit erst die Rede sein kann, *nachdem* die sexuelle Differenz als etwas in sich selbst Sinnvolles anerkannt ist. „Ist es nicht notwendig, daß wir zunächst *zwei* sind, um *eins* zu werden?" (GG, 279). Die wiederholte Betonung der Zweiheit und damit der Verschiedenheit der Geschlechter soll verdeutlichen, daß jede der beiden zur Gattung Mensch gehörigen Parteien für sich selbst ein Ganzes bildet, so daß alle Vorstellungen von Einheit davon auszugehen haben, daß zwei einander ebenbürtige, gleichberechtigte Typen von Individuen sich gegenüberstehen.

Die Mitglieder des weiblichen Geschlechts haben gegenüber den männlichen Geschlechtsgenossen vieles nachzuholen, bevor sie Entwürfe einer echten Partnerschaft zu entwickeln vermögen. Sie müssen zuallererst ihr Exil verlassen und „zu Frauen werden", um zu werden, was sie „individuell und kollektiv" sind (GG, 101, 192). Es gilt, die Ortlosigkeit zu überwinden und den „Ort des Weiblichen" wiederzufinden (GnE, 80). Dieser Ort entdeckt sich weder auf dem Feld der männlichen Geschlechterontologie noch in deren bloßer Gegenkonstruktion. „Das Geschlechtliche ist an die Wahrnehmung, an die eigene imaginäre Schöpfung gebunden, abgesehen von seiner Beziehung zur Regeneration, zur Fortpflanzung und – allgemeiner – zum Leben" (GG, 257). Nur im Denken der „subjektiven, geschlechtlich bestimmten Identität" (GG, 241) kann es gelingen, ein neues, weibliches Selbstverhältnis aufzubauen, in welchem die Frau erkennt, was sie für sich ist, und nicht mehr in dem aufgeht, was sie für das andere Geschlecht ist: Objekt, Eigentum, Ware, deren Wert sich an der Mutterschaft bemißt.

Luce Irigaray beschreibt verstreut über ihre Schriften drei Formen eines angemessenen weiblichen Selbstverständnisses, in bezug auf die ohne Abstrich eingeräumt werden kann, daß sie „ohne Repression und Verstümmelung unserer menschlichen Identität" (ZD, 12) vorstellbar sind. Die erste bezeichnet sie als „Virginität", womit sie die „autonome Identität der Mädchen" meint. „Dieser Teil der weiblichen Identität verleiht dem jungen Mädchen einen gesellschaftlichen Status und ein Recht, ihre Jungfräulichkeit, solange sie es wünscht, zu bewahren (auch in ihrer eigenen Beziehung zum Göttlichen) und Klage gegen jeden in und außerhalb der Familie zu führen, der sie antastet" (ZD, 87). Virginität bedeutet demnach eine Selbstverfügung über den eigenen Körper als einer Form des Selbstbesitzes, die die physische und moralische Integrität von Mädchen und Frauen ausmacht.

Als zweites geht Irigaray auf die Beziehung zwischen Töchtern und Müttern ein, die ihr für die weibliche Identitätsbildung von besonderer Wichtigkeit scheint, da sie zugleich auch die Weichen für die Beziehung zum anderen Geschlecht stellt. „Keine Liebe zum anderen ohne Liebe zum Gleichen" (EsD, 125). De facto sei die Liebe zur Mutter in der Regel ambivalent, da die Tochter mit der Mutter um den Platz und die Funktion des Mütterlichen rivalisiere. „Die Liebe zwischen Frauen bringt also traditionellerweise Rivalität ins Spiel, Rivalität in bezug auf /- die reale Mutter, /- einen Prototyp mütterlicher Allmacht, /- das Begehren des Mannes: das des Vaters, des Sohnes, des Bruders." „Es sind Spuren eines *polemos* zwischen Frauen. Es gibt kein *mit dir*" (EsD, 123, 125). Was nach Irigaray in der Beziehung zwischen Tochter und Mutter nicht zur Ausbildung gelangt und deshalb fehlt, ist die „vertikale Dimension", die von den Männern immer vorschnell der Erektion gleichgesetzt werde (EsD, 130). Auch die „horizontale Dimension", in welcher Frauen sich schwesterlich zu einer Solidargemeinschaft miteinander verbinden, um eine Welt für sie zu entwerfen, in welcher sie nicht mehr ausschließlich für die „Erektionen" des anderen Geschlechts den Boden bereiten: „als Hüterinnen des Hauses, der Kinder im Namen des Besitzes, der Gesetze, der Rechte und Pflichten, des Staates des anderen" (ebd.) – auch diese Horizontalität des Frauseins bedarf der Vertikalität in dem Sinne, daß Tochter und Mutter sich nicht mehr den mit männlichen Normen und Werten besetzten patriarchalen Boden streitig machen, sondern im wechselseitigen Einvernehmen eigene Werte errichten und den Boden neu kultivieren. In der Bewegung des Sichaufrichtens von Tochter und Mutter entsteht eine weibliche Genealogie, die als Muster für nichtrepressive zwischenmenschliche Beziehungen dient, insofern sie die Einheit von Geist (Vertikalität) und Körper (Horizontalität) als eine ganzheitliche, nichtdualistische setzen, in welcher dem Geist gegeben wird, was des Geistes ist, ohne dem Körper zu nehmen, was des Körpers ist. Damit soll dem phalluszentrierten, restriktiven Bund der Männer ein Bündnis der Frauen vorgelebt werden, das die Dimension des Menschlichen um die aus der weiblichen Selbsterfahrung hervorgehenden schöpferischen Imaginationen erweitert.

Mit der Rückgewinnung der normativen (vertikalen) Dimension des Frauseins ist nach Irigaray drittens auch eine andere Religiosität verbunden. Entsprechend fordert sie ausdrücklich einen „weiblichen Gott" als Absolutes *für uns* (GG, 111, 105), einen Gott, der im Unterschied zu dem trotz gegenteiliger Versicherungen noch lange nicht toten männlichen „Phallus-Gott" (GG, 45) „die Qualitäten (und) die Prädikate des Gott gewordenen *Weiblichen*" aufweist (GG, 119). Die christliche Lehre vom Sündenfall deutet Luce Irigaray als Folge des Verlustes der sexuellen Differenz, und zwar weniger durch Adam und Eva, als insbesondere durch Maria und Josef. „Das Symbol der sexuellen Differenz und ihrer Fruchtbarkeit ist verlorengegangen. Da es ihnen nicht gelang, dem Geist entsprechend zusammen fruchtbar zu sein, verlieren der Mann und die Frau ihre Göttlichkeit, sie verfehlen die Erfüllung ihrer Menschlichkeit" (GG, 166). Der Sündenfall bestand dieser Interpretation zufolge im Verrat der Sinnlichkeit, die im Ausgriff nach einer rein geistigen Erkenntnis auf der Strecke blieb. Der Mensch hat sich selber aus dem Paradies vertrieben, indem er glaubte, auf das Glück des Fleisches Verzicht leisten zu müssen um einer abstrakten Idee willen.

Der neue Gott, der auch die Züge des Weiblichen tragen soll, wird von Irigaray als ein „sinnliches Transzendentales" beschrieben, „als Auferstehung oder Verklärung des Blutes, des Fleisches" (EsD, 153), wobei das Neue dieser Gottesvorstellung eben darin besteht, daß dieser Gott auf sinnliche Weise berührt und damit ein „taktiles Glück" verschafft, als „Gegengewicht zu dem Eintauchen in jenes intrauterine Berühren": „ein Gott, der mich umhüllt, mich umgibt, mich wiegt ... Mich fleischlich, erotisch liebt" (EsD, 190 f.). Damit begreift Irigaray die Inkarnation als ein Geschehen, das wirklich etwas mit dem Fleischwerden zu tun hat, insofern gerade das Fleisch es ist, das den Zugang zum Transzendenten eröffnet, das Muköse, das „dank seiner Eigenschaften, durch sein Berühren die Transzendenz eines dem Fleisch gegenüber gleichgültigen Gottes, eines Gottes der unveränderlichen und feststehenden Wahrheit verhindern (würde). Es würde statt dessen die Rückkehr oder die Ankunft Gottes in einer neuen Inkarnation, einer anderen Parusie fordern" (GG, 132).

1.2.3 Die neue Einheit: das Paar

Nachdem Virginität, Vertikalität und Religiosität als normative Implikate einer nicht dem phallischen Modell verhafteten weiblichen Geschlechtsidentität neu bestimmt sind, erhebt sich die Frage, wie Irigaray auf der Basis der von ihr als unaufhebbar konstatierten sexuellen Differenz und vor dem Hintergrund eines je verschiedenen Diskurses das Geschlechterverhältnis verstanden wissen will. Sie räumt die Schwierigkeit eines Dialogs zwischen Männern und Frauen ein, die vor allem daraus resultiert, daß auf der Seite der Männer nach wie vor der Mechanismus der alten, speziell der Hegelschen Logik wirksam ist, der die Einsicht blockiert, daß die Besonderheit der beiden Geschlechter zwei eigenständige, irreduzible Redeformen erfordert. Und auf der Seite der Frauen sind die repressiven Klischees noch derart ‚eingefleischt', daß sie die Ausbildung einer der weiblichen Selbsterfahrung angemessenen Redeweise verhindern. „Merkwürdigerweise hat es die Kultur so gewollt, daß der Mann sich den Blick und die Spiegelung (Narziß) vorbehält und der Frau das Hören und das Echo überläßt." „Der Mann spricht mit seinen Vätern, mit seinen Brüdern, er konstruiert eine Welt, während er der Frau befiehlt, das Haus des Lebens zu hüten" (GG, 258, 195).

Irigaray plädiert für eine „Ethik des Paares" (vgl. GG, 210, 217), die so lange noch aussteht, als es nicht gelingt, eine gemeinsame Plattform für die einander widersprechenden Diskurse von Männern und Frauen zu finden, auf der das beide Geschlechter einbegreifende Allgemeinmenschliche nicht mehr als ein Neutrum gedacht wird, das durch heimliche Universalisierung des einzig die abstrakt-unsinnlichen Gebilde des Geistes auszeichnenden männlichen Selbstverständnisses zustande gekommen ist. Vielmehr geht es darum, „einen Ort zu konstituieren, der es jedem

Geschlecht, jedem Körper, jedem Fleisch erlaubt, in ihm zu wohnen" (EsD, 26). Dieser Ort muß so beschaffen sein, daß er die Verschiedenheit der Geschlechter zum Ereignis werden läßt, das das eine für das andere offen macht, ohne die durch die sexuelle Differenz aufscheinende Alterität als etwas Feindliches zu suggerieren.

Irigaray gibt auf die Frage, wie denn die geschlechtliche Differenzierung, die auch die Diskurse bestimmt, im Dialog der Paare so überwunden werden kann, daß ein beide Partner befriedigender Konsens möglich wird, eine bloß formale Antwort, da solche Dialoge in der Praxis noch ein Desiderat sind. Damit sie zustande kommen, muß unterstellt werden, daß es etwas Gemeinsames gibt, eine Dimension des Menschlichen, die prinzipiell beiden Geschlechtern noch vor aller Verschiedenheit zugänglich ist. „Wenn die sexuelle Differenz existiert, bedeutet das, daß Mann und Frau nichts gemein haben? Wir wissen, es gibt zumindest das Kind als Wirkung ... Was gäbe es Gemeinsames zwischen dem Mann und der Frau? Den Begriff und die Wahrnehmung. *Beides*. Und ohne Hierarchisierung. Beide können wahrnehmen und begreifen. *Passiv* und *aktiv* sein. Zueinander passiv sein und sich begreifen. Sich empfangen und umschließen. Offener werdend durch die Freiheit eines jeden" (EsD, 112f.). Irigaray spricht von zwei Brücken, durch die sich die beiden Geschlechter miteinander verbinden lassen: Zeugung und Gott. „Die Öffnungen der Umschließungen zwischen Mann und Frau müßten immer durch Gott mediatisiert sein. Ohne Glauben an Gott zwingt der Mann der Frau sein Gesetz auf. Er schließt sie in seinen Begriff, seine Begriffe ein ... statt sie nur für Gott, in Erwartung Gottes zu umfangen. Die Frau, die den Mann vor der Geburt umschlossen hat, so lange, bis er außerhalb von ihr leben kann, findet sich wieder, eingekreist von einer Sprache, von Orten, die sie nicht begreifen und denen sie nicht entkommen kann. Daß der Mann Mann und Frau sein will, ist nicht neu: es ist der immer gleiche Anspruch, die Umschließung umzukehren. Aber indem er das Ganze beherrschen will, wird er zum Sklaven sowohl des Diskurses als auch der Mutter-Natur" (EsD, 113f.).

Das erotische Verhältnis ist demnach das Grundmuster, an dem Irigaray das Geschlechterverhältnis festmachen will. Gestützt auf die Voraussetzung, daß sich beide Geschlechter auf die gleiche Weise das Universum erschließen: über die sinnliche Wahrnehmung und begriffliches Denken, ist die Liebe das vorzügliche Medium, in welchem die Verschiedenheit nicht als zu eliminierender Störfaktor, sondern als der Ort erlebbar wird, „an dem der Körper des Mannes aufersteht und die Frau ihre Teilnahme am Geist nicht mehr vergißt" (EsD, 175). Dieser Ort ermöglicht eine Erotik ohne Identitätsverlust, ja er ermöglicht es zuallererst, dem anderen seine Identität, seine Intimität wiederzugeben: „eine zweite Entbindung, die zur Unberührtheit zurückführt" (EsD, 241). Was Irigaray als „ethische Treue zur Inkarnation" bezeichnet (EsD, 253), umschreibt ihren Versuch, die Liebe – im Sinne einer „Sympathie zwischen zwei Körpern, die sich gegenseitig zu entziffern" trachten (GG, 66) – als die eigentliche Menschwerdung Gottes zu denken. Gott ist nicht immer schon, er muß zur Existenz gebracht werden als jenes zwischenmenschliche Band, das die sexuelle Differenz zur Freiheit ermächtigt.

1.2.4 Kritische Einwände

So wie Simone de Beauvoir vorgeworfen wurde, sie habe ihrer Definition des Menschen ein männliches Konzept, nämlich das existentialistische ihres Gefährten Sartre, zugrunde gelegt, so wurde auch gegen Luce Irigaray eingewendet, sie sei dem psychoanalytischen Ansatz ihres Lehrers

Lacan verhaftet geblieben (Freud-Kritik, Spiegelmetapher, Phallus- und Diskurstheorie u. a.). Dabei wird jedoch meistens übersehen, daß sie gerade versucht, ihre Geschlechtertheorie auf dem schmalen Grat zwischen einem einseitig männlich definierten und einem ebenso einseitig weiblich interpretierten Ganzen des Menschlichen zu entwickeln; und mit ihrem Entwurf einer Einheit des Paares, dessen Verhältnis sie als Erschließungspunkt von inkarnierter Transzendenz auffaßt, kritisiert sie Lacans Ablehnung aller Versuche, Einheit und Ganzheit zu verwirklichen.

Heide Göttner-Abendroth wirft Irigaray Eklektizismus vor: „Irigaray konstruiert ... auf allen Ebenen und für alle Zeiten den maskulinen Totalitarismus gegenüber der Frau als dem ganz Anderen: Auf der ökonomischen Ebene ist sie ‚Ware', auf der sozialen Ebene unterliegt sie ewigem Patriarchat, auf der sexuellen Ebene herrscht der Phallozentrismus und auf der ideologischen Ebene der Logozentrismus des Identitätsprinzips." Um einen Diskurs über Weiblichkeit führen zu können, ohne dazu auf Begriffe des männlichen Diskurses angewiesen zu sein, bediene sie sich verschiedener theoretischer Versatzstücke (Freudsche Psychoanalyse, Identitätsphilosophie, Strukturale Anthropologie, Politische Ökonomie), ohne durch deren Kombination wirklich neue Einsichten zu gewinnen. „So verlockend solche assoziativen Analogsetzungen sind, so trügerisch sind sie auch: Der volle theoretische Gehalt der analog gesetzten Begriffe geht verloren, damit werden sie beliebig verfügbar." Durch dieses „reduktionistische Desaster" schlage die ideologiekritische Absicht Irigarays um und verfestige sich zu einem neuen ideologischen Block.[17]

---

[17] Wissenschaftstheoretische Positionen in der Frauenforschung, in: Was Philosophinnen denken, hg. v. H. Bendkowski / B. Weisshaupt, Zürich 1983, 253–270, zit. 260 f., 262.

Die Übersetzerinnen von „Speculum" – Xenia Rakewsky, Gabriele Ricke, Gerburg Treusch-Dieter und Regine Othmer – haben demgegenüber in der Rezeption der Schriften Luce Irigarays ein Mißverständnis konstatiert: „Eine vermeintlich kritische Position konstatiert theoretische Inkonsistenz, Substantialisierung und Mystifizierung des Weiblichen, ahistorische Betrachtungsweise, unwissenschaftliche Analogiebildungen" (Sp, 470). Dagegen machen sie geltend, daß Irigarays mimetisches Verfahren – durchaus in irritierender Absicht – die in den Texten „wirksamen Mechanismen" aufdecken und „verschüttete Assoziationskontexte" freisetzen wolle, ohne daß damit der Anspruch einer textimmanenten Analyse erhoben werde. Es ginge Irigaray ja nicht um die Rekonstruktion einer philosophischen Position als solcher, sondern um den Zugang zu einem weiblichen Diskurs (Sp, 471). Doch selbst wenn man dies zugesteht, läßt sich m. E. gleichwohl nicht leugnen, daß Irigarays Lektüre vor allem klassischer philosophischer Texte gelegentlich den Eindruck erweckt, sie benutze die herangezogenen Thesen als willkommenen Aufhänger für ihre eigenen Phantasien, die mit den Texten selber herzlich wenig zu tun haben.[18]

---

[18] Wenn Irigaray z. B. in „Ethik der sexuellen Differenz" Descartes' Aussagen über die Verwunderung als Ursprung philosophischen Fragens gleichsam übergangslos auf „die einander nicht substituierbaren Geschlechter im Status ihrer Differenz" überträgt (EsD, 21) oder die Theorie des Ortes aus der aristotelischen „Physik" im Zusammenhang mit dem Geschlechtsakt diskutiert (EsD, 55 ff.), oder wenn sie Spinozas Analyse des Ursachebegriffs in den Kontext des „Mütterlich-Weiblichen" stellt (EsD, 109) und schließlich in bezug auf Merleau-Pontys Ausführungen über das Sichtbare konstatiert, „daß bei Merleau-Ponty der Sehende gegenüber dem Ganzen in einer pränatalen inzestuösen Situation verhaftet bleibt" (EsD, 203), dann ist diese Art der Rede keineswegs unproblematisch, wie erhellend und anregend die Interpretationen im einzelnen auch sein mögen. Ähnlich argumentiert Monique David-Ménard: „Aber man kann die Physik des Aristoteles nicht in weiblicher Form neu schreiben.

Neben Einwänden gegen die Wissenschaftlichkeit von Irigarays methodischem Vorgehen finden sich auch solche inhaltlicher Art. Ihre Betonung der sexuellen Differenz sei ein Rückfall in biologistische Definitionen des Menschen, die den Unterschied der Geschlechter an Penis und Schamlippen festmachten, was darauf hinauslaufe, daß „auch bei Irigaray die Anatomie Schicksal ist"[19]. Dieser Vorwurf ist allerdings nur unter der Voraussetzung haltbar, daß außer dem sozialen auch das natürliche Geschlecht Gegenstand einer freien Wahl ist. Irigaray geht davon aus, daß wir uns de facto mit dem einen oder anderen Geschlecht ausgestattet vorfinden, und das für sie Anstößige liegt in den männlichen Interpretationen der Sexualität, aus denen das spezifisch Weibliche verdrängt wird, um das männliche Geschlecht zur Norm des menschlichen Geschlechts insgesamt zu erheben. Irigarays Beharren auf der sexuellen Differenz verdankt sich somit nicht biologistischen oder ontologischen Argumenten, sondern trägt der Einsicht Rechnung, daß den Frauen der Weg zu ihrer ureigensten Geschlechtsidentität erst noch gebahnt werden muß, damit sie sich als ein unabhängiges, eigenständiges Ganzes, das

---

Das Zeitalter, wo der Gedanke des Unterschiedes zwischen den Geschlechtern an der Tagesordnung ist, kann die aristotelische Idee der Physik nicht wieder aufnehmen." „Wenn sie in die Texte Spinozas das einführt, was sie über den Ort in den Texten Aristoteles' gesagt hat, ruft sie einen rhetorischen Effekt hervor, nichts anderes" (Geschlechtlicher Unterschied und philosophische Methode, in: Was Philosophinnen denken II, hg. v. M. Andreas-Grisebach / B. Weisshaupt, Zürich 1986, 172–188, zit. 183 f.).
[19] A. Busch: Der metaphorische Schleier des ewig Weiblichen – Zu Luce Irigaray's Ethik der sexuellen Differenz, in: Feministischer Kompaß, patriarchales Gepäck, hg. v. R. Großmaß / C. Schmerl, Frankfurt a. M. / New York 1989, 117. Ähnlich M. David-Ménard: „Wenn man ... eine Ontologie der sexuellen Unterschiede schreiben will, fällt man immer in eine essentialistische Theorie der geschlechtlichen Unterschiede zurück. Irigaray umgeht diese Klippe nicht" (a. a. O., 184).

mit sich eins ist, erfahren können, bevor sie darangehen, die Frage nach dem Geschlechterverhältnis als Beziehung zwischen zwei souveränen Ganzen zu lösen. Insofern kann Irigarays Ansatz auch nur eingeschränkt als „gynozentrischer Feminismus" charakterisiert werden.[20]

Eine weitere Kritik richtet sich gegen Irigarays Theologie. Ihr Postulat einer weiblichen Gottheit ist nach Astrid Deuber-Mankowski „ein Rückfall in ‚männliches' Denken von der schlechtesten Sorte". „Irigaray versucht das, was wir noch nicht kennen, in schlecht philosophischer Art vorwegzunehmen, bevor es entstehen konnte." Ihr Vorschlag ende da, „wo Irigarays eigene Kritik am männlichen Identitätsdenken ansetzt: in einer inhaltsleeren und abstrakten Denkkonstruktion, mit Hilfe deren Irigaray den Frauen zu einer weiblichen Subjektivität verhelfen und die Welt aus ihrem selbstverschuldeten Unglück retten will"[21]. Mir scheint, daß Irigarays Konstruktion eines weiblichen Gottes nur im ersten Schritt auf dem Weg zur weiblichen Ge-

---

[20] Iris Marion Young unterscheidet zwischen dem humanistischen Feminismus Simone de Beauvoirs und dem gynozentrischen Feminismus Luce Irigarays: „Der humanistische Feminismus definiert Weiblichkeit als die Ursache der Unterdrückung der Frau und verlangt, daß die von Männern getragenen Institutionen auch Frauen den vollen Zugang zu den weltbestimmenden Aktivitäten von Industrie, Kunst und Wissenschaft gewähren. Im Gegensatz dazu stellt der gynozentrische Feminismus den Wert dieser traditionell öffentlichen, männlichen Unternehmungen in Frage. Die Repression der Frau besteht nicht darin, daß sie von ihrer Selbstverwirklichung abgehalten wird, sondern in der Negation und Abwertung spezifisch weiblicher Tugenden und Tätigkeiten durch eine übermäßig instrumentelle und autoritäre männliche Kultur" (Humanismus, Gynozentrismus und feministische Politik, in: Denkverhältnisse. Feminismus und Kritik, hg. v. E. List / H. Studer, Frankfurt a. M. 1989, 37–65; zit. 55 f.).
[21] A. Deuber-Mankowski: Von neuen Welten und weiblichen Göttern. Zu Luce Irigarays ‚Ethique de la différence sexuelle', in: Weiblichkeit in der Moderne. Ansätze feministischer Vernunftkritik, hg. v. J. Conrad / U. Konnertz, Tübingen 1986, 73, 72, 63.

schlechtsidentität als Gegenposition zum Gott der Philosophen dienen soll. Auch die Selbsterfahrung von Frauen läßt ein Bedürfnis nach etwas Absolutem, Transzendentem erkennen, das jedoch in den entsinnlichten Phallusgebilden von Geistes Gnaden keine Befriedigung findet, so daß die – überaus provokante – Vorstellung eines sinnlich berührenden, selbst die fleischliche Intimität des „Mukösen" mit einschließenden Gottes aufkommt. In einem zweiten Schritt wird diese Gottesvorstellung dann jedoch im Rahmen einer Ethik des Paares dahingehend erweitert, daß ihr im Hinblick auf die sexuelle Differenz eine Brückenfunktion zuerkannt wird, der gemäß der Gott nicht in seiner traditionellen Rolle als je schon existierender, einheitsstiftender Garant auftritt, sondern als Absolutes in der wechselseitigen Freigabe des Gegengeschlechtlichen immer wieder von neuem zuallererst zur Erscheinung gebracht werden muß. Man mag diesen Gottesbegriff ablehnen, aber daß er dem männlichen Identitätsdenken verpflichtet sei und sich einem schlechten utopischen Vorgriff verdanke, sehe ich nicht. Für weitaus problematischer halte ich die von Irigaray stillschweigend unterstellte Annahme, daß die *erotische* Paarbeziehung als Grundmodell für jedwede Art von zwischenmenschlichen Verhältnissen ausgezeichnet werden kann. Ob der wie auch immer in der Dimension des Göttlichen vollzogene Geschlechtsverkehr die Folie für alle Verkehrsformen zwischen Männern und Frauen abgeben sollte, darf doch füglich bezweifelt werden.

1.3 Die Kontroverse um sex und gender

Simone de Beauvoir und Luce Irigaray haben herausgestellt, daß die Kategorie „Frau" im konventionellen Diskurs sexistisch definiert wird. Entsprechend gelten Frauen als durch die Natur (Chromosomen, Hormone, körperliche Ausstattung) benachteiligte, gleichsam zu kurz gekommene Exemplare der Gattung Mensch, die auch auf geistigem Gebiet nicht fähig sind, sich autonom zu bestimmen und deshalb der Vorgaben von seiten des starken Geschlechts bedürfen, um herauszufinden, wer sie sind und was sie tun sollen. Einerseits durch ihr biologisches Geschlecht, andererseits durch männliche Setzungen determiniert, stand die Frau seit jeher unter Kuratel, ohne Chance, einen eigenen Freiheitsraum für sie selber zu eröffnen. Beauvoir und Irigaray haben auf unterschiedliche Weise sichtbar gemacht, daß die von Männern und Frauen seit Jahrtausenden internalisierte Vorstellung von der Frau und ihrer Weiblichkeit nichts weiter als ein patriarchales Konstrukt ist, dessen Auflösung den Frauen die Möglichkeit gibt, die Wurzeln ihrer Fremdbestimmung zu analysieren und am Leitfaden ihres noch unsicheren Selbstverständnisses nach Konzepten zu suchen, die zum einen selbst gewählten Optionen entsprechen und zum anderen das beide Geschlechter umfassende Menschenbild korrigieren.

Die Frage, die sich im Zusammenhang mit der kritischen Auflösung des männlichen Konstrukts der Kategorie „Frau" stellt, ist die, was nach der Verabschiedung des Zwangskorsetts, in das die weibliche Geschlechtsidentität gepreßt wurde, noch übrigbleibt. Bleiben unter dem Schutt der zum Einsturz gebrachten patriarchalen Definitionen gleichsam ontologische Bestimmungen von Weiblichkeit übrig, die als solche auf keinen menschlichen Konstrukteur mehr zurückführbar sind, so daß für sie „die Natur" als Urheber namhaft gemacht werden muß? Oder bleibt am Ende gar nichts übrig, weil sich auch die sogenannten natürlichen Geschlechtsbestimmungen als Setzungen nach Maßgabe einer männlichen Identitätslogik erweisen? In dem Fall wäre auch das mit dem biologischen Geschlecht Gemeinte kein vorgegebenes Ansich, sondern Konstrukt eines in dualistischen Denkformen befangenen Verstandes, der Einheit nur in Analogie zum Verhältnis von Herrschaft und Knechtschaft als Über- und Unterordnung des künstlich Getrennten vorzustellen vermag. Dies ist das Problem, um das die Debatte über *sex* und *gender* im englischen Sprachraum kreist.[22] Die beiden Extrempositionen werden durch die klassische biologische Auffassung einerseits und die Fiktion einer dritten Geschlechtsidentität andererseits repräsentiert.

1.3.1 Die biologische Erklärung des Geschlechtsunterschieds

Die klassische biologische Auffassung, wie sie zu Beginn des 19. Jahrhunderts noch im „Dictionnaire des sciences médicales" vertreten wird, geht davon aus, daß die Frau ihrem Geschlecht vollständig unterworfen sei, da sich die in ihrem Inneren lokalisierte Gebärmutter auf ihr ganzes Wesen auswirke, wohingegen das männliche Geschlecht aufgrund seiner Äußerlichkeit nur ein Randphänomen der körperlichen Erscheinung sei. Heutige Mediziner gehen davon aus, daß das genetische Geschlecht eines Menschen durch sein Genitalsystem definiert ist.[23] In der Humanbio-

---

[22] Nachdem die Ambivalenz des mit „sex" Gemeinten immer deutlicher hervortrat, hat sich in der anglo-amerikanischen feministischen Literatur die Bezeichnung „sex" für das natürliche Geschlecht und „gender" für die den natürlichen Geschlechtern jeweils zugeordneten gesellschaftlichen Identitätsmerkmale und Handlungsmuster eingebürgert. Im Deutschen wird „sex" in der Regel mit „Geschlecht" und „gender" mit „Geschlechtsidentität" wiedergegeben. (Ursprünglich bedeutet „gender" das grammatische Geschlecht.)
[23] So z. B. A. W. v. Eiff: Anthropologisch-biologische Grundlagen einer interdisziplinären Diskussion über menschliche Sexualität, in: Wesen und Sinn der Geschlechtlichkeit, hg. v. N. A. Luyten, Freiburg / München

logie gibt die Evolutionstheorie die Basis für die Erörterung der Geschlechterdifferenz ab.[24] Gemäß dem Zoologen Wolfgang Wickler besitzen die Naturgesetze, die sich im Verlauf der Evolution herausgebildet haben, eine „normative Kraft des Faktischen", deren Nichtbeachtung zu gravierenden Fehlurteilen führt. Eines solcher Fehlurteile sieht Wickler in der These, „das Wesen der Geschlechter und die Verschiedenheit ihrer Funktionen aus der Eigenart von Hormonen oder Chromosomen abzuleiten"[25]. Daß wir überall in der lebendigen Natur die gleichen geschlechtypischen Verhaltenstendenzen vorfinden, nämlich die Rivalität der Männchen untereinander sowie ihre Dominanz gegenüber den Weibchen und das Brutpflegeverhalten der Weibchen, führt Wickler auf das „Diktat der Fortpflan-

---

1985, 251–259. Etwas differenzierter, aber auch komplizierter formuliert N. Boisacq-Schepens: „In der menschlichen Spezies bedingt das *genetische* das *gonadische* Geschlecht und dieses seinerseits bestimmt durch seine hormonalen Ausscheidungen das *somatische* Geschlecht. Bei der Geburt ergibt sich aus dem *perinealen* Geschlecht (d. h. den äußeren Geschlechtsorganen) die Zuteilung zum legalen Geschlecht, von dem das Umfeld abhängt, in dem das Kind aufgezogen wird; dieses *soziale* Geschlecht wird in der Regel von den pubertären Erscheinungsformen bestätigt, die psychosomatisch gesehen die sekundären und tertiären Geschlechtsmerkmale sind" (zitiert nach E. Boné: Kulturbedingter Wandel im Verständnis der Geschlechtlichkeit, in: Wesen und Sinn der Geschlechtlichkeit, a. a. O., 213). Der Aufsatz von Boné wurde offensichtlich aus dem Französischen übersetzt, denn anders läßt sich die Verwechslung von ‚männlich' und ‚menschlich' in dem Hinweis, daß „das menschliche (sic!) Sperma 60 bis 100 Millionen Spermatozoen pro ccm" enthalte, nicht erklären.
[24] „Ethische Zielvorstellungen zu entwickeln ist nicht Sache des Biologen. Er sieht aber, daß der Mensch über die Evolution zu dem wurde, was er heute ist und daß man ihn folglich ohne Kenntnis dieser Evolution nicht verstehen kann" (W. Wickler: Die Natur der Geschlechterrollen – Ursachen und Folgen der Sexualität, in: Wesen und Sinn der Geschlechtlichkeit, a. a. O., 67–102; zit. 81). Vgl. auch das zusammen mit Uta Seibt verfaßte Buch Männlich – weiblich. Der große Unterschied und seine Folgen, München 1983.
[25] W. Wickler: Die Natur der Geschlechterrollen, a. a. O., 84.

zung" zurück, das den Geschlechtern ihr Wesen aufgeprägt habe.[26] Ursprünglich habe es nur eine ungeschlechtliche Vermehrung gegeben, da nur ein Ur-Geschlecht mit einer einheitlichen Keimzellenform existierte[27], aus welcher sich im Verlauf der Evolution die beiden Geschlechter entwikkelt hätten, weil mit zwei verschiedenen Keimzellentypen – zahlreichen kleinen = männlichen und wenigen großen = weiblichen – der Fortpflanzungserfolg maximiert wurde.[28] Nachdem sich die Menschheit durch geistige und technische Höherentwicklung von vielen biologischen Funktionszwängen befreit hat und die Bevölkerungsexplosion ein katastrophales Ausmaß angenommen hat, trägt das basale biologische Rollenklischee, dem gemäß der Fortpflanzung im Geschlechterverhältnis der Vorrang gebührt, nicht mehr. Statt dessen soll nach Wickler ein symbiotisches Verhältnis, wie es im Frühstadium der Evolution den allerersten Austauschvorgängen von genetischem Material zum beiderseitigen Vorteil und noch ohne Vermehrung zugrunde lag, in der Beziehung von Mann und Frau als „auf Kooperation angelegte(n), aber verschieden spezialisierte(n) Lebewesen" zum Tragen kommen.[29]

Wickler räumt ein, daß die Geschlechterrollen nicht nur durch die Gesetze der Evolution, sondern auch durch kulturelle und soziale Faktoren bestimmt sind. Gleichwohl gibt seinem Konzept zufolge auch bei letzteren nach wie

---

[26] Ebenda, 85.
[27] E. Boné hält dagegen das weibliche Geschlecht für das ursprüngliche: „Es ist wichtig, unverzüglich darauf hinzuweisen, daß das weibliche Geschlecht für die Art Mensch als das auf biologischer Ebene grundlegende Geschlecht angesehen werden muß ... Die durch das Y-Chromosom bewirkte männliche Differenzierung (stellt) im Grunde nur die Entfeminisierung einer Struktur und eines eindeutig weiblichen Basisprogramms dar" (a. a. O., 216).
[28] Ebenda, 71 ff.
[29] Ebenda, 101.

vor die Strategie des Fortpflanzungserfolgs das Erklärungsmuster für die Rollenerwartungen der Gesellschaft ab. Danach gehören zur männlichen Rolle: „Dominanz, Überlegenheitsgefühl, Angstfreiheit, sozialer Erfolg und nur geringe Emotionalität. Zum weiblichen Rollenbild gehören: Unterwerfungsbereitschaft, Untüchtigkeit, Ängstlichkeit, geringer sozialer Erfolg, hohe Emotionalität ... Man könnte natürlich auch umgekehrt beide Geschlechter an der Frau messen – dann litte der Mann an Emotionsmangel, Tapferkeitswahn oder Brutpflege-Untüchtigkeit ... Damit wird der Spieß aber nur umgekehrt, nicht das Problem der unangemessen einseitigen Beurteilung beider Geschlechter gelöst."[30]

Spätestens an dieser Stelle wird zweierlei deutlich: zum einen die Selbstverständlichkeit, mit der ein Mann an das Einsichtsvermögen von Frauen appelliert, doch bitte gerecht, d. h. ressentimentfrei zu urteilen und sich davor zu hüten, den Mann ebenso einäugig zu betrachten, wie er es seit jeher ohne jeden Skrupel hinsichtlich der Frau gehalten hat. Offensichtlich scheint es für den Mann unzumutbar zu sein, all jene Benachteiligungen hinzunehmen, die sich aus einseitigen Definitionen seines Mannseins ergeben. Dabei ist es kein Geheimnis, daß die meisten Männer, wenn man sie denn einmal nicht aus ihrer eigenen Perspektive beschreibt, de facto eben die Mängel aufweisen, die Wickler auflistet, als handle es sich um eine bösartige Karikatur des Männlichen.

Zum anderen fällt auf, und das ist wichtiger, daß mit der Charakterisierung einseitiger Sichtweisen als „unangemessen" eine normative Komponente mit ins Spiel kommt, ein Werturteil darüber, was als wahr zu gelten hat und was

---

[30] Ebenda, 99.

nicht. Streng genommen kann ein Verhaltensforscher, der seine Aussagen auf die Evolutionstheorie stützt, die Aktivitäten von Organismen nur im Rückgang auf deren Verlauf erklären. Konsequenterweise müßte es z. B. mit dem Hinweis auf den unter hohem Selektionsdruck um des Fortpflanzungserfolgs willen geführten Überlebenskampf von Spermien als Erklärung für die größere Aggressivität von Männern sein Bewenden haben. Das Analoge gilt für die Erklärung des Brutpflegeverhaltens von Frauen durch den Rekurs auf die Art ihrer Investition von Energie in die Aufzucht der Nachkommen. Sobald jedoch von einer *unangemessenen* Asymmetrie in bezug auf stammesgeschichtlich erworbene Verhaltensmuster von Männern und Frauen die Rede ist, wird ein Standpunkt außerhalb des Evolutionsparadigmas eingenommen, der es erlaubt, die durch die Evolutionsmechanismen vorgegebenen biologischen Prägeformen in einer reflexiven Rückwendung auf die eigene Determiniertheit distanziert zu betrachten und im Horizont eines nach selbst gesetzten Maßstäben entworfenen Selbst- und Weltverständnisses als diesem nicht entsprechend zu beurteilen.

Von dorther stellt sich auch die Evolutionstheorie anders dar. Was zunächst so plausibel und unangreifbar klingt, als handle es sich bei der Evolution um ein Geschehen, dessen Verlauf sich vor unser aller Augen abspielt, erweist sich bei genauer Hinsicht als eine hypothetische Rekonstruktion unserer Vorvergangenheit, die uns nur deshalb so plausibel scheint, weil sie im Licht und mit den Mitteln unseres heutigen Wissenschaftsbegriffs durchgeführt wird. Dieser Wissenschaftsbegriff, der auch unser alltägliches Wissen dominiert, ist ein ökonomischer: Vielheit muß auf Einheit reduziert werden, auf wenige Formeln, Gesetze, Prinzipien. Der Dualismus des Vielen und des Einen, der zugunsten des Einen aufgelöst wird, bestimmt auch die Evolutionshypothese, der zufolge sich die Unterschiede der Geschlechter in einem Ausleseverfahren herausgebildet haben, in welchem „die Natur" es ist, die ihre eigene Vielfalt auf zwei einander ergänzende Grundmuster reduziert, durch die der Fortbestand der Gattung optimiert wird. Aber dies ist nur eine Interpretation, die einzig deswegen als gut begründet erscheint, weil sie unter den Rahmenbedingungen des heutigen Wissenschaftsideals einleuchtet. Das Denken in Oppositionen, dem gemäß eine Seite des Gegensatzes sich als die stärkere durchsetzen und die schwächere sich anpassen oder unterwerfen muß, wie es die Kampfmetapher signalisiert, kann die Entstehung der Sexualität nicht anders deuten denn als einen Eliminierungsprozeß, in dem nach ökonomischem Maßstab alles ausgemerzt wird, was dem Selektionsdruck nicht standhält.

Ein besonders anschauliches Beispiel für die Projektion eines ökonomischen Denkstils auf die Evolution liefert der Anthropologe Christian Vogel, indem er die doppelte Moral, die unseren je nach Geschlecht verschieden ausfallenden Urteilen über das Fremdgehen zugrunde liegt – der Mann als Casanova, die Frau als Hure –, auf unterschiedliche Reproduktionsstrategien der beiden Geschlechter zurückführt. Es stecke automatisch in den Erbprogrammen der Männer, daß sie, um ihren Fortpflanzungserfolg zu erhöhen, möglichst viele Weibchen begatten und unter ihre Kontrolle bringen müßten, was voraussetzt, daß sie, um ihre Kopulationsrate zu steigern, ihr Potential an Aggressivität gegen die männlichen Mitkonkurrenten vergrößern. Da Frauen ihren Fortpflanzungserfolg durch häufigen Partnerwechsel nicht potenzieren können, enthalte ihr Erbprogramm die Tendenz zu spröder Zurückhaltung und zur Verbesserung der Aufzuchtbedingungen des Nachwuchses. „Die ‚doppelte Moral' bezüglich des Sexualverhaltens beider Geschlechter hat eine weltweite Verbreitung. Sie ist ein

Ausfluß der männlichen Reproduktionsstrategie im Dienste der eigenen Vaterschaftssicherung und der Vermeidung von reproduktiven Fehlinvestitionen."[31]

Da von den Evolutionstheoretikern vielfach von vornherein ausgeschlossen wird, daß die heute beklagten Formen von sexistischer und rassistischer Diskriminierung auch, vielleicht sogar in erster Linie, ideologische Gründe haben[32], werden deren „Ursachen" in der genetischen Rekonstruktion gesucht und auch gefunden, ohne daß die Zirkularität dieses Vorgehens als eine nach rückwärts gewandte self fulfilling prophecy durchschaut wird.[33]

Legt man eine andere Sicht der Dinge zugrunde, so verändert sich mit der Optik des jeweiligen kategorialen Rah-

---

[31] Ch. Vogel: Evolutionsbiologische Grundlagen für die ‚doppelte Moral' bei Mann und Frau, in: Mann und Frau – Frau und Mann. Hintergründe, Ursachen und Problematik der Geschlechterrollen, hg. v. W. Böhm und M. Lindauer, Stuttgart 1992, 151–162, zit. 160.

[32] H. Schipperges stellt allerdings mit Bezug auf Wickler und Seibt fest: „Auch die Biologen unterscheiden neuerdings deutlicher zwischen evolutionär geprägten Geschlechtsfunktionen und sozial normierten Geschlechterrollen" (Zur Bedeutung der Geschlechtlichkeit in medizinhistorischer Sicht, in: Wesen und Sinn der Geschlechtlichkeit, a. a. O., 171–211, zit. 197). Der Zoologe B. Hölldobler beharrt jedoch darauf: „Sexualität ist ein biologischer Begriff und kann nur biologisch verstanden werden" (vgl. die Diskussion in: Mann und Frau – Frau und Mannn, a. a. O., 109).

[33] Von einem ähnlichen Zirkel in der Sache ist bei Ruth Hubbard die Rede: „Der Zirkel kann sehr einfach hergestellt werden: Man beginnt mit den viktorianischen Stereotypen vom aktiven Mann und der passiven Frau, betrachtet dann Tiere, Algen, Bakterien und Menschen und nennt alles passive Verhalten weiblich, aktives oder zielorientiertes Verhalten hingegen männlich. Und es funktioniert! Das viktorianische Stereotyp ist biologisch determiniert: Sogar Algen verhalten sich entsprechend ... Nun liegt das androzentrische Paradigma endlich klar zutage: Weibchen werden stets an den Standards der Männer gemessen" (Hat die Evolution die Frauen übersehen?, in: Denkverhältnisse, a. a. O., 301–333, zit. 317 f.). Vgl. auch Judith Butlers kritische Ausführungen zum „Mastergen" als der angeblichen „binären Schaltstelle" für die unterschiedlichen Geschlechtsmerkmale (Das Unbehagen der Geschlechter, a. a. O., 159 ff.).

mens auch der untersuchte Gegenstand, den es als pures, unkodiertes Faktum nicht gibt. So hat z. B die „Körperhistorikerin" Barbara Duden darauf aufmerksam gemacht, daß die anatomische Verschiedenheit der Geschlechter im 16. und 17. Jahrhundert nicht als Differenz, sondern als Analogie aufgefaßt wurde: Auch die Frau hatte dementsprechend eine „Rute", nur daß sie diese im Unterschied zum Mann inwendig besaß – „ob also der Mutterhals den Penis schafft und die Scham der Eichel gleichgesetzt wird, oder ob die Analogie zwischen Penis und Klitoris hergestellt wird, es bleibt dasselbe Vor-Urteil, das den Blick bestimmt: was Mann und Frau unterscheidet, ist nicht die Verschiedenheit, sondern die Inversion"[34]. Es sind immer Vor-Urteile, durch die der kategoriale Rahmen festgelegt wird, innerhalb dessen sich die untersuchte Sache so zeigt, wie es dem Erklärungsmodell entspricht. Barbara Duden hat mit ihrer an den Naturwissenschaftler Vogel gerichteten Bemerkung durchaus recht, daß seine Wissenschaft nicht beschreibend sei, sondern unterschwellig wertend; sie vermittle „hinter der Maske scheinbarer Beschreibung ein bestimmtes ökonomisches Menschenbild, noch dazu ein auf den Unterleib ausgerichtetes Menschenbild"[35].

Wenn es zutrifft, daß naturwissenschaftliche Erklärungsmodelle wie alle übrigen Interpretationen von Wirklichkeit Hypothesen sind, durch die wie bei der Evolutionstheorie von einem immer schon durch ein bestimmtes Theorienetz gefiltertes Gegebenes aus nicht mehr gegebenen und als ‚Tatsachen' zuallererst zu rekonstruierenden Entwicklungsvorgängen kausal abgeleitet wird, dann gibt das die Gegen-

---

[34] B. Duden: „Die *männliche* und die *weibliche* Rute". Bemerkungen zur Geschichte der Verkörperung des Geschlechtsunterschiedes, in: Mann und Frau – Frau und Mann, a. a. O., 143–150, zit.147.
[35] Ebenda, 169.

wart konstituierende Theorienetz auch den Code ab, mit dessen Hilfe die Entstehung der Geschlechterdifferenz entschlüsselt wird. Entscheidend ist demnach der biologische Code, durch den Sexualität gleichsam als ein Text lesbar gemacht wird, der die Herausbildung männlicher und weiblicher Geschlechtsmerkmale als Geschichte von ökonomisch eingesetzten Fortpflanzungsstrategien erzählt. Aber dies ist nicht die einzig mögliche und erst recht nicht die einzig angemessene Weise, die Entstehungsgeschichte geschlechtsspezifischen Verhaltens zu erzählen. Wie sich gezeigt hat, überträgt der aus dem männlichen zweckrationalen Erkenntnisinteresse an ökonomischer Reduktion von Vielfalt hervorgegangene evolutive Code die Strukturen, unter denen er die Gegenwart begreift, auf die Vergangenheit und wiederholt damit nach rückwärts gewendet seine Lesart des Heutigen, ohne daß der Naturwissenschaftler qua Interpret merkt, daß sein angeblich neutrales Konstrukt sich ganz massiven Unterstellungen verdankt, z. B. derjenigen, daß das Konstruktionsprinzip einer Wirkung (Geschlechterdifferenz) identisch ist mit dem Konstruktionsprinzip der erschlossenen zugehörigen Ursache (Konkurrenz der männlichen Keimzellen – Einnistverhalten der weiblichen Keimzellen).

Von daher ist es nicht verwunderlich, daß die feministischen Versuche, die Geschichte der Herkunft der Geschlechterdifferenz anders zu erzählen, mit ihrer wissenschaftstheoretischen Kritik am Absolutheitsanspruch biologischer Erklärungen bei der Perspektivität der nicht als Resultat einer Codierung erkannten Theorie ansetzen.

1.3.2 Vervielfältigung der Geschlechtsidentität

Die biologische Erklärung der Geschlechterdifferenz verdankt sich einer Substanzmetaphysik, der gemäß eine Art Ursubstrat sich unter naturalen Bedingungen (Selektionsprinzip, Evolution) in ein männliches und ein weibliches Genitalsystem spezifiziert. Sie arbeitet mit der Vorstellung, daß die Natur selbst es ist, die sich nach der Analogie mit einem sich selbst bestimmenden Subjekt Prädikate zuschreibt.

Gegen dieses substanzmetaphysische Modell lassen sich zwei Einwände vorbringen. Zum einen beruht die Annahme, es handle sich bei der biologischen Erklärung um eine objektive Beschreibung faktischer Vorgänge, auf einer ‚Subjektvergessenheit' des Interpreten, derzufolge davon abstrahiert wird, daß objektive Erkenntnis immer nur nach Maßgabe der Bewußtseinsstrukturen eines denkenden Subjekts möglich ist. Zum anderen läßt die biologische Erklärung den Unterschied zwischen Geschlecht *(sex)* und Geschlechtsidentität *(gender)* außer acht. Wenn man davon ausgeht, daß die Natur sich sexuell spezifiziert, bleibt kein Raum mehr für eine durch menschliche Setzungen erworbene Geschlechtsidentität. Diese wäre durch das von der Natur hervorgebrachte Geschlecht *(sex)* bereits vollständig determiniert, d. h., es bestünde gar kein Unterschied mehr, weil es nichts mehr zu bestimmen gibt, wenn die Natur bereits alles vorherbestimmt hat. Den Menschen bliebe nur übrig, ihre durch das Geschlecht geprägte Identität als die ohne ihr Zutun zustande gekommene, unverrückbare Grundlage ihres Denkens, Wollens, Fühlens und Handelns anzunehmen.

Simone de Beauvoir und Luce Irigaray haben überzeugend dargelegt, daß die Geschlechtsidentität nicht durch das Geschlecht präformiert ist, sondern weitgehend durch

Erziehungs- und Sozialisationsprozesse mitsamt den ihnen zugrundeliegenden Denk- und Handlungsmustern vermittelt wird. Nun könnte man aber einwenden, daß Beauvoir und Irigaray das Substanzmodell nicht ad acta gelegt, sondern gleichsam nur verschoben haben, indem sie davon ausgingen, daß das Geschlecht in seiner Spezifität als männliches oder weibliches vorgegeben ist, während die die Identität verbürgenden Merkmale erworbene Bestimmungen sind. Anders gesagt: Als Urheber des Substrats ‚Mann‘ und ‚Frau‘ gilt die Natur; Urheber der wechselnden Bestimmungen an diesen Substraten sind jedoch die Menschen, historisch betrachtet überwiegend die männlichen Menschen.

Gegen dieses verkappte, von der Natur auf die Subjekte übertragene Substanzmodell wenden sich diejenigen Kritikerinnen, die die These aufgestellt haben, daß auch der Unterschied zwischen Geschlecht und Geschlechtsidentität noch Resultat einer binären, in Oppositionen befangenen Rationalität und daher aufzuheben sei. Das bedeutet nun selbstverständlich nicht, daß damit auch der (anatomische) Unterschied zwischen Männern und Frauen bestritten würde. Bestritten wird nur, daß die Kategorie *sex* die Geschlechtsidentität in irgendeiner Weise a priori festlege, ja daß sie überhaupt eine Rolle für das individuelle Identitätsverständnis spiele. Entsprechend müsse die Rede von nur zwei Typen von *gender* fallengelassen werden, denn Geschlechtsidentitäten verdankten sich kreativen Akten der Selbstgestaltung, die ebenso vielfältig und verschieden sind wie die menschlichen Individuen.

Eine gemäßigte Position in bezug auf die Verlagerung des Gewichts von *sex* zu *gender* vertritt die Anthropologin Ulla Bock, die die Androgynie als einen grenzüberschreitenden Typus vorstellt, durch den eine neue Qualität menschlichen Seins inauguriert werden soll. Sie stellt ausdrücklich die Frage, „ob die Androgynie ein mögliches Modell für eine emanzipatorische Entwicklung der Geschlechterbeziehung sein könnte"[36], wobei sie Androgynie nicht mit Hermaphroditismus oder Homo- und Bisexualität verwechselt wissen will. Was ihr vorschwebt, ist ein „drittes Geschlecht", das jenseits aller bisherigen kulturellen Codierungen des Geschlechterverhältnisses in männlichen Diskursen, die die Natur der Zweigeschlechtlichkeit zum Prinzip erheben, eine ganzheitliche Geschlechtsrollenidentität ausbildet. Wenn es zutrifft – psychologische und soziologische Untersuchungen scheinen dies zu bestätigen –, daß ein „Kontinuum zwischen Weiblichkeit und Männlichkeit" besteht und keine „fixe Grenzziehung zwischen weiblich und männlich codierten Werten, zwischen Lebensräumen und Kompetenzbereichen von Frauen und Männern", die sich über historische Diskurse konstituiert hat (47), dann „erscheint der androgyne Mensch als der wirklich menschliche Mensch", als „der Mensch der Zukunft" (48). Ulla Bock plädiert daher für die Androgynie als ein Modell für ein verändertes Verhältnis von Mann und Frau, „ein Verhältnis, in dem beide Geschlechter frei von einschränkenden Rollenzuweisungen ihre individuellen Fähigkeiten, Interessen und Bedürfnisse entwickeln und leben können" (50). Der geschlechtsunabhängige Typus des Androgynen fordert jedoch ein Umdenken, das mit einer ebenfalls durch die Evolution ermöglichten Entfernung von der eigenen Biologie einhergeht. Die „geschlechtsspezifischen Eigenschaften (müssen) von ihrem vermeintlichen biologischen Substrat" gelöst werden (109), damit eine qua-

---

[36] U. Bock: Androgynie – Ein Modell für ein verändertes Verhältnis von Mann und Frau?, in: Mann und Frau – Frau und Mann, a. a. O., 34–54; zit. 37. Ausführlicher: Androgynie und Feminismus. Frauenbewegung zwischen Institution und Utopie. Ergebnisse der Frauenforschung, Bd. 16, hrsg. an der FU Berlin, Weinheim / Basel 1988.

litative Andersartigkeit entstehen kann, die nicht einfach die Summe von männlichen und weiblichen Eigenschaften darstellt, sondern eine ganzheitliche Neukomposition.

Noch einen Schritt weiter als Ulla Bock geht die bereits erwähnte Monique Wittig, die nicht nur für eine dritte, sondern für eine Pluralität von Geschlechtsidentitäten argumentiert. Sie möchte den Unterschied zwischen *sex* und *gender* aufgehoben wissen, nicht weil sie wie im biologischen Substanzmodell alles auf die Kategorie des sex zurückführen will, sondern weil sie der Meinung ist, daß bereits die Kategorie „sex" kulturell generiert und aufgrund ihrer politischen Besetzung gerade nicht „natürlich" ist. Als dritten Typus einer neuen Geschlechtsidentität schlägt sie anstelle des androgynen Individuums die Lesbierin vor, worunter sie weniger die homosexuelle Frau meint, als ein fiktives Geschlecht, das sich nicht mehr gemäß den Zwangsvorstellungen einer heterosexuellen Gesellschaft als etwas bloß Partikulares, dem Allgemeinen Unterworfenes versteht, sondern als ein ungeteiltes Ganzes. „Wir müssen begreifen, daß Männer nicht mit einem Vermögen für das Universelle zur Welt kommen und daß Frauen nicht von Geburt an auf das Partikulare reduziert sind. Das Universale wurde und wird immer noch, jeden Augenblick, von den Männern beschlagnahmt.... Keine Frau kann ich sagen, ohne für sich selbst ein totales – d. h. geschlechtlich unbestimmtes (ungendered), universales, ganzes – Subjekt zu sein."[37] Um die Binärität der sexuell bestimmten Geschlechter zu destruieren, schlägt Wittig eine Lesbianisierung vor, durch die die Geschlechtsidentitäten vervielfältigt werden sollen. „Für uns gibt es nicht ein oder zwei, sondern viele Geschlechter, so viele Ge-

---

[37] M. Wittig: The mark of Gender, in: Feminist Issues 5,2 (1985) 6.

schlechter wie Individuen."[38] Der Typus der Lesbierin stellt etwas qualitativ Neues dar, insofern die Identität des Subjekts nicht mehr als durch das Geschlecht vermittelt vorgestellt wird. Mit der das Subjekt zerreißenden Zweiheit wird jedoch auch die Kategorie der Identität obsolet, weil an die Stelle des Getrennten, das wieder vereinigt werden muß, ein Ganzes tritt, das sich spielerisch auf unendlich vielfältige Weisen ausdifferenziert, ohne daß die Fülle der ausdifferenzierten Merkmale sich in einer Opposition zur Ganzheit befindet.

Einwände gegen die Projektion eines dritten Geschlechts – sei es nun androgyn oder lesbisch aufgefaßt – lassen sich aus verschiedenen Perspektiven vorbringen. Aus biologischer Sicht könnte z. B. Wolfgang Wickler darauf hinweisen, daß auch diese Versuche einer Überwindung der Geschlechterdifferenz nichts Neues beinhalten, sondern in der Evolution bereits vorprogrammiert seien. Der Ausgriff auf eine geschlechtsunabhängige Vollständigkeit und Ganzheit von menschlichen Individuen wäre der Versuch einer Wieder-Holung des noch nicht in sich gespaltenen, vorsexuellen Urgeschlechts, dessen Totalität als Entwurf in die Zukunft projiziert würde. Dagegen ließe sich wiederum geltend machen: Selbst wenn es sich so verhielte – was ja wegen der oben kritisierten Methode der Rückübertragung von als solchen nicht durchschauten Bewußtseinsstrukturen und Denkmustern auf vorrationale Entwicklungsprozesse höchst zweifelhaft ist –, bestünde doch immerhin ein entscheidender Unterschied darin, daß das, was ‚die Natur' in der Evolution bewußtlos erreicht hat, nun mit Bewußtsein erstrebt wird, indem die ungeteilte Ganzheit ausdrücklich als Ziel gesetzt wird, nicht in der hypothetisch

---

[38] M. Wittig: Paradigm, in: Homosexualities and French Literature, hg. v. E. Marks / G. Stambolian, Ithaca 1979, 119.

rekonstruierten ursprünglichen Form diesseits, sondern jenseits der Zweiheit und Entzweiung.

Gegen die Utopie der Androgynie hat die Psychoanalytikerin Julia Kristeva vorgebracht, daß sich in ihr unterschwellig doch wieder nur das androzentrische Weltbild durchsetze, wodurch die Diskriminierung der Frau ihre Fortsetzung mit anderen Konzepten finde. „Als Absorption des Weiblichen beim Mann und als Verschleierung des Weiblichen bei der Frau rechnet das Androgynentum mit der Weiblichkeit ab: Der Androgyne ist ein als Frau verkleideter Phallus; indem er die Differenz ignoriert, ist er die hinterlistigste Maskerade für die Liquidierung der Weiblichkeit."[39] Diese Gefahr einer Vereinnahmung des Androgynen durch die List der männlichen Vernunft ist zweifellos nicht von der Hand zu weisen. Andererseits ist vielleicht nur die Bezeichnung irreführend und mißbrauchbar, wohingegen das Bezeichnete durchaus eine erstrebenswerte Lebensform sein könnte. Kristeva selber sieht die Chance der Erneuerung durch das Erlernen und die körperliche Aneignung einer neuen Sprache, deren Fremdheit durch ein harmonisches Aufgreifen der Differenz zur Muttersprache überwunden werden kann. „Nicht seine Muttersprache sprechen. In Klängen, Logiken leben, die von dem nächtlichen Gedächtnis des Körpers, dem bittersüßen Schlaf der Kindheit abgeschnitten sind ... Ihr könnt durchaus virtuos werden mit dieser neuen Kunstform, die euch einen neuen Körper schafft ... eine neue Haut, ein neues Geschlecht verleiht."[40]

Judith Butler sieht die Stärke von Monique Wittigs Fiktion darin, „daß sie eine Erfahrung jenseits der Identitätskategorien anbietet, nämlich einen erotischen Kampf, um aus

---

[39] J. Kristeva: Geschichten von der Liebe, Frankfurt a. M. 1989, 73.
[40] J. Kristeva: Fremde sind wir uns selbst, Frankfurt a. M. 1990, 24.

dem Niedergang der alten Kategorien neue zu schaffen, neue Wege innerhalb des kulturellen Feldes, ein Körper zu sein, und ganz neue Sprachen der Beschreibung."[41] Andererseits sieht sie in Wittigs lesbischem Feminismus die Gefahr einer neuen Verabsolutierung, diesmal der Kategorie der Lesbierin, die ebenso zwanghaft werden könnte wie die alten Kategorien der heterosexuellen Identität. Die Aufhebung der Kategorie des Geschlechts *(sex)* als identitätsbegründenden Konzepts und damit verbunden die Auflösung der binären Festlegungen könnte nach Butler sehr viel wirksamer durch „Dezentrierung des Subjekts und seiner universalisierenden epistemischen Strategien" erfolgen[42], d. h., an die Stelle eines Subjektbegriffs, der als zugrundeliegendes, identisches Substrat für wechselnde Prädikate fungiert, müßte eine noch unbesetzte Leerstelle treten, die als Schnittpunkt verschiedener Diskurse geschichtlich offenbleibt für je neue, selbst gewählte individuelle Identitätsbestimmungen.

1.3.3 Körperinszenierungen

Wenn die Kategorie des Weiblichen eine Konstruktion, ein Artefakt ist, dann kann man davon sprechen, daß der weibliche Körper mittels sexueller Diskurse inszeniert wurde. Als dramaturgische Anweisungen fungierten dabei die aus der Perspektive logo- und als solche phallozentristischer Optionen entwickelten Schablonen des Weiblichen, deren Palette von der Heiligen bis zur Hure reicht.

Christina von Braun hat am Beispiel der Hysterie aufgezeigt, wie der Mann den weiblichen Körper durch eine „Hy-

---

[41] J. Butler: Das Unbehagen der Geschlechter, a. a. O., 188.
[42] Ebenda, 175.

sterisierung" des Denkens ge- bzw. verformt hat[43], eben durch seine Orientierung an der „Wertskala der phallosophischen Abstraktion" (11) jedoch auch seine eigene Geschlechtlichkeit verkürzte. Entsprechend versteht sie „die Geschichte der abendländischen Kultur als eine Geschichte der Vernichtung des Menschen als Sexualwesen" (15). Die Hysterisierung als eine Methode, „die die Sprache in Körper verwandelt" (12), entleibt den Geist durch den Logos (105), indem sie das individuelle, geschichtliche „ich" mitsamt seiner geschlechtlichen Besonderung dem abstrakten, ungeschichtlichen, geschlechtslosen „Ich" aufopfert. Das Reproduktionsorgan der Frau, die Gebärmutter (griech. hystéra), wird gleichsam in den Kopf des Mannes verlegt, dessen Geist als körperloser Logos die eigentlich schöpferische Potenz zugesprochen erhält, während die dadurch ausgeschlossene Materie, die geistlose, tierische Natur an die Frau delegiert wird.

„Die Hysterie ... entstand mit der Schrift. Sie entstand als Reaktion auf die Trennung von Geist und Materie, von Kopf und Körper, den Abstraktionsprozeß" (128). Die Hysterie ist nach von Braun nicht eigentlich ein Leiden, sondern Ausdruck einer Empörung über die Ich-Vernichtung. Die den Hysterikerinnen unterstellte Ich-Losigkeit ist nichts anderes „als die Weigerung, das *ich* dem ICH unterzuordnen; die Weigerung, die Geschlechtszugehörigkeit, die Unvollständigkeit aufzugeben zugunsten eines vollständigen asexuellen ICHs" (69). Die angebliche Irrationalität und Kopflosigkeit der Hysterikerin muß somit als Protest gegen die Dominanz des Ich gelesen werden, das das Ich für inexistent erklärt und an dessen Stelle eine bloße Marionette setzt – Konstrukt eines mechanisierenden Verstandes,

---

[43] Ch. von Braun: Nicht ich: Logik, Lüge, Libido, Frankfurt a. M. 1985, 13.

der sich nur in Automaten als Kreator wiederzuerkennen vermag. Die hysterische Reaktion gegen die hysterisierte „phallische Frau" (184) als künstliches Gebilde eines „Logosgeschaffenen Sexualwesens" (183) erweist sich demnach im Grunde als ein Ausdruck von Gesundheit, nicht von Krankheit. Sie richtet sich gegen den Identitätsverlust, der mit der Negation und Entsexualisierung des Ich verbunden ist, gegen die Auslöschung der Geschlechterdifferenz bei gleichzeitiger Spermatisierung des Logos. „Gibt es denn überhaupt noch Geschlechter, wenn es keine Differenz mehr gibt – oder eine Differenz, die die beiden untrennbar miteinander vereint? Die Geschlechter sind verschmolzen, zu einem geworden. Da die geschlechtliche Identität des Mannes sich *in* der Frau befindet beziehungsweise von ihr verkörpert wird; und da die geschlechtliche Identität der Frau in ihrer ‚totalen' Geschlechtswerdung im Dienste des Logos aufgegangen ist, gibt es weder ein männliches noch ein weibliches Sexualwesen. Damit gibt es aber auch nicht das ‚Subjekt', das den Phallus ‚hat', sondern es gibt nur den Logos, der seine Macht aus der Tatsache bezieht, daß die beiden Sexualwesen ‚untrennbar' geworden sind und über kein *ich* verfügen" (189).

Julia Kristeva, wie Luce Irigaray Schülerin von Jacques Lacan, hat das Problem der weiblichen Identität ebenfalls als symbolischen Effekt zu entziffern versucht, indem sie den in der Sprache sich dokumentierenden Machtstrukturen nachgeht. Weder des Wortes mächtig noch auf gesellschaftspolitischer Ebene in der Lage, Macht auszuüben, dient die Frau – reduziert auf die vorsprachliche Funktion des Semiotischen – als stumme Komparsin hinter den Kulissen als Stütze des bestehenden Sprach- und Machtsystems, ohne selber Sinn und Bedeutung herstellen zu können.[44] Wäh-

---

[44] J. Kristeva: Une(s) femme(s), Interview von Eliane Boucquey, in: Essen vom Baum der Erkenntnis. Weibliche Praxis gegen Kultur, Berlin 1977, 37 ff.

rend die Hysterikerin als Revolutionärin aus der traditionellen Rolle der Frau auszubrechen und selber zu sprechen versuche, bemühten sich die Feministinnen um weibliche Identifikation mit der Macht, um „das gelobte Land einer endlich nur aus Frauen bestehenden harmonischen Gesellschaft (zu erreichen), die des Rätsels Lösung für die imaginäre Gesellschaft ohne Widersprüche sein soll" (40). Kristeva sieht in dieser utopischen Vorstellung die Gefahr einer erneuten Totalisierung von Macht heraufziehen, denn „dieser fantasmatischen Gemeinschaft steht häufig eine archaische Mutter mit väterlichen Attributen vor" (ebd.). Kristeva schlägt dagegen vor, nicht der Macht der Männer eine weibliche Gegenmacht entgegenzusetzen, sondern den herrschenden Diskurs der Männer durch Versprachlichung des Vor- und Außersprachlichen von innen heraus aufzubrechen, eine neue Sprache zu erfinden und dadurch „den symbolischen Code einer Gesellschaft zu verändern" (47). Nur wenn es gelingt, eine „Zivilisation ohne neue Totalitarismen" herbeizuführen, können Frauen vermöge ihrer neu gewonnenen Sprachfähigkeit das Singuläre ihrer Situation ausdrücken und sich gleichberechtigt an der kulturellen Produktion aktiv beteiligen.

Hélène Cixous, auch sie – allerdings respektloser als Kristeva – im Fahrwasser von „Großpapa Lacan" fahrend, möchte die ontologisch fixierende Struktur der Subjektivität mitsamt ihren hierarchischen Oppositionen durch eine andere Art von Sprachorganisation aufsprengen. Der männliche Diskurs will die Geschlechterdifferenz als eine naturgegebene aufrechterhalten, sie gleichsam im Sein festschreiben, um vermöge seiner Vorrangstellung, zu welcher ihn der Phallus als „transzendentaler Signifikant" (Lacan) berechtigt, sein Bild der Frau ins weibliche Geschlecht einzuschreiben. „Der Mann *macht* also, er macht/fabriziert *seine* Frau, nicht ohne selbst gefangen und davongetragen zu sein von der dialektischen Bewegung, die diese Art von Sache ins Spiel bringt. Sagen wir, daß die absolute Frau, in der Kultur, diejenige, die wirklich am nachdrücklichsten repräsentiert ... am nächsten der Weiblichkeit als *Beute* der Männlichkeit – in der Tat wirklich die Hysterikerin ist ... er macht aus ihr sein Bild."[45] Um den Körper zu „dephallozentrieren", muß die Frau nach Cixous sich selbst sprachlich produzieren. Anstatt sich auf die Frage nach dem Ursprung von allem, was ist, zu konzentrieren – „der Ursprung ist ein männlicher Mythos" (118) –, soll sie sich der Frage des Anfangs zuwenden. „Man muß sich besonders gefaßt machen auf das, was ich die ‚Affirmation der Differenz' nenne, keine Art von Totenwache am mumifizierten Leichnam der Frau und auch keine phantasmagorische Darstellung der Enthauptung der Frau, sondern ganz und gar das Gegenteil: ein Vorrücken, ein Abenteuer, eine Erkundung der Kräfte der Frau: ihrer Macht, ihrer Stärke, ihrer immer gefürchteten Gewalt und der Regionen der Weiblichkeit. Es gibt etwas, das beginnt, sich zu schreiben und das ein weibliches Imaginäres konstituieren wird ... das heißt den Ort der Identifikationen eines Ich, das nicht mehr entfremdet wäre nach dem Bild, das das Männliche vorschlägt ... sondern das im Gegenteil Formen erfinden wird für die Frau, die unterwegs ist, oder ‚fliegend/stehlend', wie ich es mir lieber vorstelle, anstatt sich hinzulegen, vorwärts und im Sprung sich suchen gehen wird" (117). Hélène Cixous nennt dieses Unternehmen die Bestimmung eines weiblichen textuellen Körpers, der dadurch charakterisiert ist, daß er kein Ende hat, zum Ende

---

[45] H. Cixous: Geschlecht oder Kopf?, in: Aisthesis. Wahrnehmung heute oder Perspektiven einer anderen Ästhetik, Leipzig 1990, 98–122, zit.; 106.

hin offen und unabgeschlossen bleibt, wohingegen der Anfang nicht er-schrieben, sondern er-hört werden muß. „Es gibt *Gefühl* im weiblichen Text, ein Berühren, und dieses Berühren geht durchs Ohr. Weiblich schreiben heißt, das hervortreten zu lassen, was vom Symbolischen abgetrennt wurde, nämlich die Stimme der Mutter, heißt, Archaischeres hervortreten zu lassen. Die archaischste Kraft, die einen Körper affiziert und die durch das Ohr eintritt und das Innerste erreicht. Dieses Berühren des Innersten hallt immer in einem Text der Frau nach" (119). Ein weiblicher Text, wie ihn die Frau ihrem Körper einschreibt, steht quer zur sexuellen Differenz, da nach Cixous „die weibliche Sexualität immer bisexuell" ist (121), wobei sie unter Bisexualität abweichend vom normalen Sprachgebrauch die Möglichkeit versteht, „sich um das Andere zu verlängern, in Beziehung zu sein mit dem Anderen, und zwar in der Weise, daß ich ins Andere übergehe, ohne das Andere zu zerstören, daß ich das Andere da suchen gehe, wo er/sie/es (frz. *ille*) ist, ohne zu versuchen, alles wieder auf mich zurückzuführen" (ebd.).

Judith Butler vervollständigt das Spektrum der Körperinszenierungen mit ihrer These, daß der Körper nichts Vorgegebenes ist, sondern als solcher erst durch die Markierungen der Geschlechtsidentität mittels diskursiver Praktiken ins Leben gerufen wird. Der Körper ist demzufolge ein kulturelles, politisches Konstrukt, vorgestellt nach Analogie eines leeren weißen Blattes, auf das sich die Bezeichnungen der Geschlechtsidentität einschreiben.[46] Aber diese Vorstellung geht Judith Butler noch nicht weit genug, weil die Analogie mit dem leeren Blatt immer noch unterstellt, daß dem Papier bzw. dem Körper auch als unbeschriebenem eine Existenz zukommt. „Was", so fragt sie

---

[46] J. Butler: Das Unbehagen der Geschlechter, a. a. O., 192.

daher, „markiert den Körper als bloße Faktizität ohne jeden Wert, die der Bezeichnung vorausgeht?" (191). Ihre Antwort läuft darauf hinaus, daß sie den Begriff des Körpers aufhebt und die geschlechtlich bestimmten Körper als „Stile des Fleisches" begreift, als Selbst-Stilisierungen. „Betrachten wir also die Geschlechtsidentität ... als einen *leiblichen Stil*, gleichsam als einen ‚Akt', der sowohl intentional als auch performativ ist, wobei der Begriff ‚*performativ*' auf eine inszenierte, kontingente Konstruktion der Bedeutung verweist" (205). Die Tatsache, daß die Geschlechtsidentität gerade nicht als Resultat performativer Akte, sondern ganz im Gegenteil als etwas Fixes, Unveränderliches erscheint, was traditionell durch Rekurs auf die Anatomie erklärt wird, führt Butler darauf zurück, daß sich Identität durch die Wiederholung stilisierter Akte konstituiere, wobei die dadurch erzeugte Kontinuität als Sichdurchhalten einer naturalen Eigenschaft mißverstanden werde. Für Butler ist somit „die Grundlage der geschlechtlich bestimmten Identität keine scheinbar bruchlose Identität, sondern die stilisierte Wiederholung von Akten in der Zeit" (207), die die Illusion eines bereits unumstößlich vorgängig bestimmten, naturalisierten Körpersubstrats hervorruft. Es gibt kein Ich, kein Selbst, das vor der Bezeichnung existiert, keinen Täter hinter der Tat. Erst mit dem Akt der Einschreibung wird auch der Körper generiert und mit ihm das Ich, das Selbst, der Täter. So wie der Körper performativ inszeniert wird, so existiert er, und zwar unter anderem als geschlechtlicher.

Noch einmal wehrt Butler ein mögliches Mißverständnis ab, wenn sie sagt, die Geschlechtsidentität sei „nicht so auf den Körper geschrieben, wie sich das Folterinstrument in Kafkas Strafkolonie unentzifferbar in das Fleisch des Angeklagten einschreibt" (214). Worauf es ihr ankommt, ist zu zeigen, daß das „sexuell Faktische" eine phantasmatische

Konstruktion ist, eine Illusion von Substanz, die es aufzulösen gilt, um den Blick frei zu bekommen für die Strategien, vermittels welcher die sexuelle Differenz und damit verbunden die Geschlechtsidentität als ontologisch-natürliche Gegebenheiten *inszeniert* werden. Erst wenn der Körper entontologisiert und als das Resultat einer gigantischen patriarchalen Inszenierung durchschaut ist, kann nach Wegen für eine weibliche Selbstinszenierung Ausschau gehalten werden. „Ebenso wie die Körperoberflächen *als* das Natürliche inszeniert werden, können sie umgekehrt zum Schauplatz einer unstimmigen, entnaturalisierten Performanz werden, die den performativen Status des Natürlichen selbst enthüllt" (ebd.). Es gibt keine Geschlechtsidentität, ebensowenig wie es mit einem natürlichen Geschlecht versehene Körper gibt. Körper und Identität müssen entworfen, erfunden werden – in einem Diskurs, der gerade erst anfängt.

Christina von Braun, Julia Kristeva, Hélène Cixous und Judith Butler haben in ihren den Frauen buchstäblich auf den Leib geschriebenen Untersuchungen ein gutes Stück Aufklärung geleistet, indem sie von verschiedenen Ansatzpunkten aus nachweisen, daß das scheinbar Selbstverständlichste – die auf der natürlichen Zweiheit von Mann und Frau beruhende Geschlechtsidentität – nichts weiter als ein Vorurteil ist, eine Hypostasierung, die sich männlichen Selbstprojektionen verdankt, durch die das Selbstverständnis jener menschlichen Lebewesen gesichert werden soll, die anatomisch mit dem sogenannten Phallus ausgestattet sind. Um der Identitätssicherung dieser Wesen willen wird die andere Hälfte der Menschen mit Hilfe von Diskursstrategien ausgegrenzt, die darauf abzielen, die Dominanz und Überlegenheit des Phallischen über das des Phallus Ermangelnde zu zementieren. Die zum Nutzen der einen auf Ko-

sten der anderen inszenierte Zweigeschlechtlichkeit muß –
so die übereinstimmende Forderung der Körperspezialistinnen – als das gesehen werden, was sie ist, ein Drama, in dem nicht nur die Frauen, sondern auch die Männer selber erhebliche Verluste zu verzeichnen haben, insofern die Abwertung und Unterdrückung der Frauen durch das Konstrukt der weiblichen Geschlechtsidentität einhergeht mit der Verleugnung auch der männlichen Sexualität im Namen eines geschlechtsunspezifischen Logos.

2. Der Androzentrismus der klassischen Philosophie

Was die Klassiker des philosophischen Denkens über die Frauen von sich gegeben haben, sollte besser dem Vergessen anheimgestellt werden, da es aus heutiger Perspektive nicht als lohnend erscheint, sich mit den Diffamierungen und Diskriminierungen aufzuhalten, mit denen sich die großen Denker mehr oder weniger achtlos, oft gleichsam nebenher, über die Unfähigkeit weiblicher Wesen, auf dem Feld des Theoretischen wie des Praktischen Eigenständigkeit zu beweisen, geäußert haben. Dabei schwankte die Beurteilung zwischen mitleidigem Bedauern (über die „natürliche" Benachteiligung der Frauen) und krasser Ablehnung (von Frauen, die sich Männerprivilegien herauszunehmen wagen).[47]

---

[47] Hierzu nur zwei Beispiele. Arthur Schopenhauer sieht die Frau als ein von Natur aus passives Wesen: „Schon der Anblick der weiblichen Gestalt lehrt, daß das Weib weder zu großen geistigen und körperlichen Arbeiten bestimmt ist. Es trägt die Schuld des Lebens nicht durch Tun, sondern durch Leiden ab, durch die Wehen der Geburt, die Sorgfalt für das Kind, die Unterwürfigkeit unter den Mann ..." (Parerga und Paralipomena, § 363, in: Sämtliche Werke, Bd. V, 720). Fand Aristoteles es widernatürlich, wenn eine Frau sich politisch betätigen wollte (Politik, I, 12, 1259 b2–3), so ergänzt Max Planck unverblümt: „Amazonen sind auch auf geistigem Gebiet naturwidrig" (Gutachten hervorragender Universitätsprofessoren, Frauenlehrer und Schriftsteller über die Befähigung der Frau zum wissenschaftlichen Studium und Berufe, hg. v. A. Kirchhoff, Berlin 1897, 256). – Vgl. insgesamt: Was Philosophen über Frauen denken, zusammengefaßt und erläutert von Annegret Stopczyk, München 1980.

Weitaus lohnender ist es, anstatt die patriarchalen Rollenklischees dem Spott preiszugeben, den versteckten Androzentrismus herauszuarbeiten, der nach Meinung sprachkritischer Feministinnen auch gerade dort vorhanden ist, wo es um scheinbar sachlich-objektive, geschlechtsneutrale Erkenntnisse geht. Adriana Cavarero hat in diesem Zusammenhang die philosophische Sprache einer radikalen Kritik unterzogen. Sie versucht den Nachweis zu führen, daß selbst universale philosophische Ausdrücke wie „Ich" und „Mensch" keineswegs geschlechterübergreifend neutral sind, sondern einem verkappten männlichen Diskurs entstammen, der stillschweigend unterstellt, daß auf der philosophischen Metaebene keine geschlechtsspezifische Besonderheit in die Rede mit einfließt, so daß in der Reflexion männliches und weibliches Denken unterschiedslos zusammenfallen. Dagegen wendet Cavarero ein, daß z. B. der Begriff „Mensch" das Resultat der Universalisierung eines männlichen Selbstverständnisses sei und damit das Wesen des Menschen nichts anderes als das universalisierte Wesen des Mann-Seins beinhalte. Für das weibliche Selbstverständnis habe dies zur Folge, daß Frauen sich in ihrer Besonderheit nicht aus dem vorgeblichen Neutrum „Mensch" zurückgewinnen können, weil sie ebensowenig wie das Problem des Ursprungs der Geschlechterdifferenz schon vor dem Beginn des Abstraktionsvorganges im männlichen Blick waren. „Im logischen Prozeß der Universalisierung des Männlich-Begrenzten ist das Weiblich-Begrenzte in der Tat abwesend, und erst zuletzt wird es außerhalb dieses Prozesses vorgefunden und ihm einverleibt."[48] Im philosophischen Diskurs verabsolutiere der Denker das männliche

---

[48] A. Cavarero: Ansätze zu einer Theorie der Geschlechterdifferenz, in: Diotima: Der Mensch ist zwei. Das Denken der Geschlechterdifferenz, Wien 1989, 65–102; zit. 67.

Geschlecht im Begriff eines universalen Menschen, der sich zufällig und nachträglich auch noch in geschlechtlichen Individuen veräußere. Während der Mann im universalen Menschen/Ich/Subjekt problemlos seine konkrete Identität wiederzugewinnen vermag, gelingt dies der Frau nicht, weil der Weg zum Logos seinen Ausgangspunkt bei einer die Geschlechterdifferenz ignorierenden, sich selbst als repräsentativ setzenden Rationalitätsauffassung genommen hat. Die Frau erfährt sich daher nach Cavarero nicht als sich selbst denkend, sondern als vom Mann gedacht. Ihr steht kein eigener Diskurs zur Verfügung, keine eigene Logik, um sich selbst auszusprechen in dem, was sie für sich selbst ist. Sie ist zum Schweigen verurteilt oder kann allenfalls die Fremdheit der Sprache, die nicht die ihre ist, aussagen, ihre Erfahrung des Abgetrenntseins vom Denken, des Ausgegrenztseins aus der Sprache.

Nachdem sie erkannt hat, daß sie das im männlichen Diskurs nicht mitgemeinte, das ausgeschlossene, ja geradezu „ausgelöschte" Andere ist, muß die Frau sich in ihrer Andersheit bejahen, um das Trennende und Verbindende im Verhältnis zum Mann einerseits, zu Frauen andererseits zureichend reflektieren zu können. Cavarero tut dies mit Hilfe des Begriffs der Ähnlichkeit, den sie in einem Exkurs über Texte der Genesis des Alten Testaments erläutert. Sie vertritt die These, daß die Ähnlichkeit von Mann und Frau mit Gott darin begründet ist, daß die Gottebenbildlichkeit für beide Geschlechter die gleiche ist. Zugleich wendet sie sich gegen das Mißverständnis, daß ausschließlich Adam in einem direkten Ähnlichkeitsverhältnis zu Gott steht, Eva hingegen nur indirekt, sofern sie aufgrund ihrer Abgeleitetheit aus Adam direkt nur diesem ähnlich sei, mithin bei ihr von Gottebenbildlichkeit nur über den Mann die Rede sein kann. Cavarero versteht Jesus Christus als übergeschlechtlichen Gott, in dem auch die Frau sich über das Leiden wiedererkennen kann. Generell resümiert sie: „Das Ähnlich-Sein ist somit strukturell das Medium, das das Gleiche und das Verschiedene zusammenhält und jedem von ihnen eine Bedeutung gibt, die als solche nur in diesem Verhältnis existiert."[49] Für Cavarero ist die Dualität das Ursprünglichere gegenüber der Logik des Einen, Selben, Identischen. Diese Dualität ist zugleich das beide Geschlechter Verbindende, sie einander ähnlich Machende in ihrer Unähnlichkeit.

Auch wenn es fraglich ist, ob der alltagssprachliche Diskurs, in den ja das Sprechen von Frauen – wie selbstbezogen und -reflektiert auch immer – hineinverwoben war, überhaupt keinen Eingang in den philosophischen Diskurs der Denker gefunden hat, hat Adriana Cavarero zweifellos darin recht, daß sich die Philosophie von einem ursprünglichen Denken in Ähnlichkeiten, wie es bei den Vorsokratikern und auch bei Platon noch in einer Vielzahl von Gleichnissen anzutreffen ist, immer weiter fort zu einem Denken des sich unveränderlich durchhaltenden Wesens der Dinge entwickelte. Der Logozentrismus der antiken Philosophie ging einher mit einem Essentialismus, der sowohl auf theoretischem wie auf praktischem Gebiet als erkenntnis- und handlungsrelevant nur das geschichtslose Konstrukt einer „Idee" gelten ließ, an der gemessen alles Empirische nachrangig, wenn nicht gar verzichtbar war. Dieser Essentialismus hat die philosophischen Systeme bis in die Gegenwart hinein geprägt. Kritik erfuhr er von materialistisch und existenzphilosophisch ausgerichteten Theorien, die dem Wesen der Sache die Qualitäten der empirisch gegebenen Einzeldinge und die real bestehenden zwischenmenschlichen Verhältnisse entgegensetzten.

---

[49] Ebenda, 98.

2.1 Grundzüge einer essentialistischen Ethik

Der Typus der essentialistischen Ethik ist dadurch charakterisiert, daß menschliches Handeln auf Prinzipien zurückgeführt wird, deren Normativität bzw. unbedingte Gültigkeit auf etwas gegründet wird, dem Unabhängigkeit von allem raum-zeitlich Bedingten und damit eine überzeitliche Würde zugestanden wird.

2.1.1 Der metaphysische Begriff der Einheit

Platon bezeichnete das Unbedingte als Idee und meinte damit keinen Allgemeinbegriff, der durch Induktion gewonnen war, sondern ein apriorisches Erkenntnisprinzip, vermittels dessen die Gegenstände des Denkens und Handelns zuallererst als seiende bzw. als gesollte konstituiert werden. Ideen werden demnach nicht von den Dingen abstrahiert, vielmehr erkennt und handelt der Mensch immer schon durch Ideen, die ihren Ursprung außerhalb des Empirischen haben müssen, gleichsam als die Urbilder, die in ihren empirischen Abbildern nur unvollkommen zur Erscheinung gelangen. Platon kann die Herkunft der Ideen als erkenntnis- und handlungsbegründender Prinzipien nicht anders als mit Hilfe eines Mythos erklären: In einer vorgeburtlichen Schau ist die Seele am überhimmlischen Ort in den Besitz der Ideen gelangt, und obwohl ihr ein großer Teil dieses Wissens bei der Einkörperung verlorengeht, erinnert sie sich doch mehr oder weniger deutlich daran, sobald sie die über die körperlichen Sinne vermittelten Daten zu strukturieren versucht.

Die entscheidende Leistung des der Seele immanenten logischen Vermögens besteht darin, daß es das Viele, Zerstreute, Mannigfaltige zusammenzufassen und unter die Einheit der Idee zu bringen versteht. Der zwischen dem

Einen und dem Vielen hin- und hergehende Logos etabliert jenes dialektische Verfahren, in dessen Verlauf sich das Universum als ein innerer und äußerer Sinnzusammenhang herstellt. Durch die Rückführung des Mannigfaltigen auf ein zugrundeliegendes Prinzip entsteht zuallererst der Kosmos als ein geordnetes, ‚schönes' Ganzes, dessen Struktur auch das Sein des Menschen bestimmt.

Die ursprüngliche dialektische Denkbewegung, wie Sokrates sie in der Unterredung mit seinen Gesprächspartnern exemplarisch praktizierte, ließ beide Pole, zwischen denen der Logos spielte, gleichberechtigt nebeneinander bestehen: das Viele bedurfte des Einen, um zu einem Sinnganzen zu werden, so wie umgekehrt das Eine auf das Viele angewiesen war, um seine sinnstiftende Funktion ausüben zu können. Das Allgemeine hatte als formgebendes Element nur Bedeutung für das Besondere, welches wiederum dem Allgemeinen einen der Form bedürftigen Gehalt gab. Platon war es, der den allgemeinen, einheitsstiftenden Pol – die Idee – aus der dialektischen Beziehung herauslöste, für sich setzte und ihn mit einer besonderen Würde ausstattete. Weil nicht aus der Empirie stammend und dieser aufgrund der Herkunft vom Uranos unendlich überlegen, avancierte die Idee zum Inbegriff des Wesentlichen, dem gegenüber die vielfältigen Ausprägungen der Idee im Materiellen zu etwas Vernachlässigenswertem, ja Verächtlichem herabsanken. [50]

---

[50] Der Dialog „Phaidon" dokumentiert diese Einstellung besonders eindringlich durch die These vom Sterbenlernen, die beinhaltet, daß sich der Mensch schon in der hiesigen Welt sowohl auf theoretischem wie auf praktischem Gebiet in den Umgang mit den vom Empirischen unbefleckten Gebilden reiner, geistiger Transzendenz einüben soll, um der Seele nach dem Tod die Ablösung vom Leib zu erleichtern. Wie die Sinne des Leibes bei der Wahrheitssuche in die Irre führen und deshalb von allem sinnlich Gegebenen abstrahiert werden muß, wenn man zum Wesen der

Diese Verlagerung des Gewichts auf die Idee und damit verbunden die Auszeichnung des Einen, Allgemeinen, Wesentlichen als etwas, dem eine eigenständige Existenz und ein Wert an sich zukommt, könnte man als den androzentristischen Kern der platonischen und aller nachfolgenden essentialistisch orientierten Philosophie bezeichnen. Daß den Ideen ein besonderer Wert und eine besondere Würde zugesprochen werden, die sie weit über das in der Menschenwelt sich abspielende Geschehen hinausheben, ist eine männliche Setzung, in welcher der antike Philosoph etwas, das er an sich selbst bzw. an der männlichen Natur hochschätzt, für sich setzte und als überempirisches Sein ausgab.

Ein überzeugendes Beispiel für den Androzentrismus antiken Philosophierens findet sich im Dialog „Symposion". Wenn auch nicht Sokrates, sondern Pausanias, einer der Teilnehmer des Gastmahls, als Zeuge herhalten muß, so kann doch seine These und ihre Begründung als ein typisches Argumentationsmuster herangezogen werden. Thema des Dialogs ist das Erotische. Nachdem der erste Redner, Phaidros, die im Menschen wirksame erotische Triebkraft auf den Gott Eros zurückgeführt und damit die Liebe als etwas Göttliches ausgewiesen hat, versucht Pausanias als zweiter Redner den Unterschied zwischen der „gemeinen" (körperlichen) und der „himmlischen" (geistig-see-

---

Dinge gelangen will, so muß auch der Tugendhafte allem Sinnlichen entsagen. Sokrates: „Scheint dir, daß es sich für einen philosophischen Mann gehöre, sich Mühe zu geben um die sogenannten Lüste, wie die am Essen und Trinken? (...) Oder um die aus dem Geschlechtstriebe? (...) Dünkt dich also nicht überhaupt eines solchen ganze Beschäftigung nicht um den Leib zu sein, sondern soviel nur möglich von ihm abgekehrt und der Seele zugewendet? (...) Also hierin zuerst zeigt sich der Philosoph als seine Seele von der Gemeinschaft mit dem Leibe ablösend vor den übrigen Menschen allen" (Platon: Phaidon, 64d-65a).

lischen) Liebe zu erklären.[51] Dazu rekurriert er auf zwei verschiedene Göttergestalten, die gleichsam als ursächliche Prinzipien des Erotischen fungieren, eine ältere, bessere und eine jüngere, schlechtere Aphrodite, wobei die Bewertung sich der Art und Weise verdankt, wie die beiden Göttinnen gezeugt wurden, d. h. aus welchem Eros sie entstanden sind. Die ranghöhere, ältere Aphrodite hat nur einen Vater, Uranos, aber keine Mutter. Dem Mythos zufolge hat der von seinem Sohn Chronos mit einer Sichel entmannte Uranos mit seinem blutigen Genitale, das ins Meer fiel, dieses befruchtet. Daraus stieg Aphrodite, die schaumgeborene Göttin der Schönheit empor. Die uranische Aphrodite ist somit ausschließlich aus männlichem Samen hervorgegangen, und sie gibt das Legitimationsprinzip für die von Pausanias gepriesene Knabenliebe als höchste Form der menschlichen Liebe ab, die auf Tugend und Weisheit von Liebendem und Geliebtem zielt. Die rangniedrigere jüngere Aphrodite hingegen ist die Tochter des Zeus und der Titanentochter Dione. Sie hat also einen männlichen und einen weiblichen (zudem menschlichen) Elternteil. Der Eros, durch den sie gezeugt wurde, ist, da nicht rein männlich, minderwertig. Auf diese Aphrodite führt Pausanias die körperliche Liebe zurück, die ein bloß sinnliches Begehren ist.

Die Rangordnung des Erotischen wird demnach durch die unterschiedliche Qualität der zugrundeliegenden Prinzipien begründet. Die zuerst entstandene Aphrodite als die reine, dem klaren männlichen Geist Verwandte, durch keinerlei Sinnlichkeit Befleckte ist das personifizierte Vorbild für eine Liebe, deren Medium eine eingeschlechtliche, von allem Weiblichen freie, im Geistig-Seelischen verbleibende

---

[51] Vgl. Platon: Symposion, 180c-184a.

Beziehung zwischen zwei Männern ist, in welcher beider Weisheit und Tugend so gezeugt wird, wie einst Aphrodite aus dem Blut des Uranos ohne fremde Beimischung entstanden ist. Die andere Aphrodite hingegen ist aufgrund ihrer zweigeschlechtlichen Herkunft mit dem Makel des Weiblichen behaftet, so daß sich ihre Wirksamkeit auf die körperliche Anziehungskraft beschränkt, deren Minderwertigkeit darin begründet ist, daß sie vom eigentlich Erstrebenswerten ablenkt.

Die Rangordnung im Bereich des Erotischen gibt zugleich Aufschluß darüber, weshalb die Homosexualität in der Antike so hochgeschätzt wurde, während die lesbische Liebe als minderwertig und abwegig galt. In der homoerotischen Beziehung kommt das eingeschlechtliche Prinzip zum Tragen, insofern der eine jeweils im anderen sich selbst (als dasselbe Geschlechtswesen) wiederfindet und in dieser Identität zu jener gegensatzlosen Einheit gelangt, die als die ursprünglichste Form von Einheit gesetzt wurde. Da diese Beziehung ihr Fundament im Seelisch-Geistigen hat, ist sie von höchster, da geistiger Fruchtbarkeit.[52] Die

---

[52] Im „Symposion" wird immer wieder betont, daß das eigentlich Erotische nicht in der körperlichen, sondern in der geistigen Schönheit seine Erfüllung findet. Erst wem es gelingt, „das göttlich Schöne selbst in seiner *Einartigkeit* zu schauen" (211e; Hervorhebung A. P.), der beherrscht die Liebeskunst so vollkommen wie Sokrates, den als Liebhaber von Knaben nicht deren attraktives Äußeres beeindruckt hat, sondern ihre Bildungsfähigkeit mittels schöner Sitten, Handlungen und Erkenntnisse (210e-211c). Die Freimütigkeit, mit der Alkibiades am Schluß des Dialogs seine vergeblichen Bemühungen, den Sokrates mittels seiner körperlichen Vorzüge als Liebhaber zu gewinnen, schildert, macht deutlich, daß Sokrates nur einer „schönen Seele" zugetan war, so daß sich diejenigen, die ihn als Partner begehrten, auf seine Reden einlassen mußten, um Vernunft und Tugend zu erwerben.

Von hier aus fällt ein neues Licht auf die sokratische Hebammenkunst, von der Sokrates im Dialog „Theaitetos" sagt, „sie unterscheidet sich ... dadurch, daß sie Männern Geburtshilfe leistet und nicht Frauen, und daß

heterosexuelle Beziehung hingegen widersetzt sich aufgrund ihrer Zweigeschlechtlichkeit einer differenzlosen Einheit und ist daher weniger hoch einzuschätzen. Immerhin erweist sich die männliche Potenz als eine leibliche Fruchtbarkeit, die die geistige im Bereich des Physischen widerspiegelt. Die lesbische Beziehung jedoch ist ganz und gar unfruchtbar, sowohl in geistiger wie in biologischer Hinsicht. Der einzig wahre, eingeschlechtliche Ursprung wird verraten und damit der regellosen, chaotischen Vielheit Tür und Tor geöffnet. Denn anders als der Mann, der in der gleichgeschlechtlichen Liebe sich selbst und seine Wurzeln wiederfindet, kann die Frau gemäß der genealogischen Sichtweise in der erotischen Beziehung zu einer anderen Frau nicht zu ihrer Identität finden, da sie im eigenen Geschlecht nur Zweiheit, nicht aber das ursprüngliche Eine zu erkennen vermag. Das Eine wird ihr nur, wenn auch durch ihre nachrangige Form von Geschlechtlichkeit gebrochen, in der Hingabe an einen Mann zuteil, wohingegen sie die ihr Sein bestimmende Differenz in der Hingabe an ein aus eigener Kraft ebenfalls zur Selbstidentität nicht fähiges Wesen noch vervielfältigen würde.

Auch der Mythos von der Entstehung Athenes, die dem Haupt ihres Vaters Zeus entstiegen sein soll, verweist auf die griechische Hochschätzung eines rein männlichen Geistprinzips, dessen Immaterialität durch die Göttlichkeit eines einzigen, unvermischten Ursprungs gewährleistet ist. Es ist daher kein Wunder, daß sich diese

---

sie für ihre gebärenden Seelen Sorge trägt und nicht für Leiber" (150c). Das Besondere der homoerotischen Beziehung zeigt sich demnach darin, daß einer dem anderen nur behilflich sein kann, sich selbst zu gebären und seine Identität selbsttätig hervorzubringen, niemand jedoch stellvertretend für einen anderen das Eine, Selbige zu erzeugen vermag. „Geburtshilfe zu leisten nötigt mich der Gott, zu erzeugen aber hat er mir verwehrt" (ebd.).

Hochschätzung des männlichen Geistes aus dem mythologischen Kontext in den neu entstandenen philosophischen Diskurs hinein fortgesetzt hat, später freilich ,vergessen' und als Hochschätzung des Allgemeinmenschlichen aufgefaßt wurde.

Die Überschätzung des Status von Ideen wird demnach vor dem Hintergrund der Heraufkunft der Philosophie aus dem Mythos verständlich, wobei neben der Ursprungsdimension noch ein weiterer Aspekt zunehmend Gewicht erhält: die Leistung des Logos. Der Mythos ging das Viele erzählend durch und stellte durch die erzählte Geschichte einen Sinnzusammenhang her. Das stark bildhafte Element in den Göttergenealogien und Sagen sorgte für Anschaulichkeit und beflügelte die Phantasie. Dabei kam der Verstand mit seinem Anspruch auf rationale Klarheit und Überzeugungskraft im Mythischen nicht genügend auf seine Kosten. Er begann das Erzählte nach seinen Gesichtspunkten zu strukturieren und zu ordnen. Dabei entdeckte er, daß sich das vielfältig Vereinzelte und Verstreute unter einem Begriff zusammenfassen ließ. Die Begriffe wiederum konnten unter noch umfassendere Oberbegriffe gebracht werden und so fort, bis ein letzter und höchster Begriff gefunden war, der die Spitze des ganzen Systems bildete. Der Vorteil des logischen Verfahrens gegenüber dem mythischen Erzählen liegt auf der Hand: Es ist ökonomischer, macht einen komplexen Sachverhalt überschaubarer und entlastet das Wissen von zahllosen Einzelheiten, die zum *Wesen* der Sache nichts beitragen.

Dem Logos wurde dann in der mittleren Stoa gleichsam eine zeugende Kraft zugeschrieben, die ursächlich auf die Materie einzuwirken vermag. Poseidonios bezeichnete diese rationale Fähigkeit, die Welt als ein strukturiertes Ordnungsgebilde hervorzubringen, als *logos spermati-*

kos.⁵³ Alles, was wohlgeformt und sinnvoll in einem Ganzen zusammenhängend ist, verdankt sich einem dem Göttlichen verwandten, rein männlichen Ursprung. Das mit der Logoslehre verbundene androzentrische Herkunftsdenken wird bei Plotin noch einmal besonders sinnfällig. Hatte Platon im Höhlengleichnis den Rückgang der Seele zum Ursprungsort alles Geistigen, zur Idee des Guten als dem höchsten Einen als eine Art „phallische" Aufwärtsbewegung beschrieben, so schildert Plotin das umgekehrte Geschehen gleichsam wie einen Samenerguß: als Emanation. Das göttliche Eine quillt über, verströmt seine unendliche Fülle in einer überbordenden Fruchtbarkeit.⁵⁴ Deren erstes Erzeugnis ist der Geist, aus dem wiederum die Seele emaniert, und aus deren *logoi spermatikoi* (den Ideen) schließlich entsteht die Welt.

Auch wenn es letztlich Metaphern sind, mit deren Hilfe die Herkunftsgeschichte des Geistigen geschildert und dessen Priorität vor dem nachrangigen, daher minderwertigen Nichtgeistig-Materiellen abgeleitet wird, so sind doch ge-

---

⁵³ „Gott sei ein einiges Wesen, sei Vernunft und Schicksal und werde Zeus genannt, werde aber auch noch mit vielen anderen Namen bezeichnet. Zu Anbeginn in seinem Sein auf sich selbst beschränkt, lasse er die gesamte Substanz vermittelst der Luft sich in Wasser verwandeln. Und wie im Samen der Keim enthalten ist, so behalte auch er als erzeugende Weltvernunft (logos spermatikos) bei solcher Beschaffenheit seinen Sitz im Feuchten bei, indem er durch sich selbst die Materie fähig mache zu den weiteren schöpferischen Leistungen; dann erzeuge er zuerst die vier Elemente, Feuer, Wasser, Luft und Erde." (Poseidonios nach Diogenes Laertius: Leben und Meinungen berühmter Philosophen, VII, 136; Hamburg 1967, 70). Der lateinische Ausdruck für *logos spermatikos* ist *ratio seminalis*.
⁵⁴ „Diese vergleichsweise so genannte Zeugung ist ja die ursprüngliche; da Jenes (das Eine) von vollkommener Reife ist (...) ist es gleichsam übergeflossen, und seine Überfülle hat ein Anderes hervorgebracht. Das so Entstandene aber wendete sich zu Jenem zurück und wurde von ihm befruchtet, und indem es entstand, blickte es auf Jenes hin; und das ist der Geist" (Plotin, Enneade V,2–2/3; Hamburg 1956, 239).

rade diese Metaphern ein unübersehbares Indiz dafür, daß die Philosophie seit ihren Anfängen androgenetisch verfährt. Die Reduktion des Vielen auf begriffliche Einheiten und dieser wiederum auf ein letztes und höchstes Eines, das als der Ursprung von allem ausgezeichnet wird, ist, wie bereits angedeutet, vor dem Hintergrund des Übergangs vom Mythos zum Logos verständlich und sinnvoll. Problematisch ist allein, wie das Letztprinzip rekonstruiert wird, nämlich als *eine in sich gegensatzlose, indifferente Einheit.* Vorgestellt wird diese Einheit nach dem Muster der männlichen Zeugungskraft, die im Sinne einer unerschöpflichen Potenz als alleiniger Urheber alles Lebendigen ausgegeben wird. Da ein solches, alle Zweiheit und Verschiedenheit aus sich ausschließendes Prinzip der Einheit identitätsbegründende Funktion hat, sind damit die Weichen für ein Selbst- und Weltverständnis gestellt, das in seiner Wurzel männlich ist und zugleich alles, was sich nicht aus reiner, beziehungsloser, transzendenter Einheit erklären oder auf eine solche zurückführen läßt, disqualifiziert.

Dieses Denkmuster setzt sich auch in der christlichen Metaphysik und Theologie des Mittelalters fort. Gott als der Weltschöpfer ist Grund alles Seienden und damit jene Einheit, von der her und auf die hin alles, was ist, begriffen werden muß. Das *unum* als *summa essentia* (Anselm v. Canterbury) bedarf nicht des Vielen, dessen Seins- und Organisationsprinzip es ist; vielmehr ist es sich selbst genug. Zwar nimmt das Christentum in seiner Trinitätslehre eine Differenzierung des göttlichen Einen vor, aber dabei handelt es sich um eine bloß immanente Differenzierung, insofern Gottvater sich im Sohn und im Heiligen Geist nicht auf das andere seiner selbst, sondern auf sich selbst als verschiedene Ausprägungen seiner Personalität bezieht. Allen drei Personbegriffen von Gott liegt dasselbe männliche Selbstverständnis als eines sich selbst zeugenden und in seinem Produkt nichts anderes als sich selbst wiedererkennenden Wesens. Die Gottesmutter Maria hatte lediglich die Funktion eines Gefäßes für den göttlichen Samen. Ihr Beitrag am Sohn erschöpfte sich im Materiellen, und damit steuerte sie zu Jesus gerade das bei, was nach metaphysischer Auffassung das Schlechteste im Bereich der veränderlichen Dinge ist: den an sich selber unlebendigen, geist- und formlosen Stoff.

Das metaphysische Einheitskonzept zieht sich auch durch die Philosophie der Neuzeit hindurch. Es gibt sich zwar nicht als männliches Selbstkonstrukt zu erkennen, aber die begrifflichen Bestimmungen sind verräterisch. So entfaltet Spinoza sein System aus dem Begriff einer Ursache aller Ursachen. Sein Gottesbegriff ist definiert als *causa sui:* „Unter *Ursache seiner selbst* verstehe ich das, dessen Wesen die Existenz einschließt."[55] Der Begriff der Selbstverursachung ist die dynamisierte Version der alten griechischen Sehnsucht nach männlicher Selbstgenügsamkeit und Selbstursprünglichkeit. Bei Spinoza heißt das Erzeugnis jener Selbstverursachung, durch die das Wesen *(essentia)* sich selbst in seinem Sein *(existentia)* hervorgebracht hat, Substanz.[56] Auch die Bedeutung des Wortes *substantia* ist aufschlußreich: das unter sich Stehende, sich selbst Unterstellte. Hier und noch deutlicher im neuzeitlichen Subjektbegriff *(subiectum* = das Unterworfene) tritt das von der metaphysischen Vorstellung des Höchsten, Einen unablösbare hierarchische Strukturmoment zutage. Das rangoberste Eine bildet dadurch eine vollkommene Einheit, daß es nichts anderes als sich selbst gelten läßt; es ist, was es sein

---

[55] Spinoza: Die Ethik, I. Teil, 1. Definition.
[56] „Unter *Substanz* verstehe ich das, was in sich ist und durch sich begriffen wird; d. h. das, dessen Begriff nicht den Begriff eines anderen nötig hat, um daraus gebildet zu werden" (ebenda, 3. Definition 3).

will, und es will sein, was es ist. Damit unterstellt es sich ausschließlich seinem eigenen Gesetz als dem Produkt seines Setzens: Das Eine ist schlechthin autonom.

Der Akt der Unterstellung oder Unterwerfung ist nur deshalb als Ausdruck höchster Freiheit und nicht als Unterwürfigkeit oder Heteronomie zu begreifen, weil es sich ja nicht um eine fremde Macht oder Autorität handelt, die etwas dem Einen gezwungenermaßen subordiniert. Vielmehr sind Unterwerfendes und Unterworfenes identisch: Das Eine autorisiert sich selbst, und diese ursprüngliche Selbstermächtigung ist der Grund dafür, daß alle Formen des Sich-selbst-untertan-Seins zugleich als Weisen der Freiheit gedacht werden können. Eine Konsequenz aus dieser immanenten Selbsthierarchisierung des Einen ist die, daß aus der Fähigkeit der Selbst-Beherrschung das Recht abgeleitet wird, alles Nichteine zu unterwerfen und dem eigenen Anspruch zu unterstellen. Was über sich selbst zu gebieten vermag, das ist gewissermaßen durch seine überlegene Natur legitimiert, über anderes zu gebieten und es unter die Gesetzmäßigkeit des Einen zu zwingen.

Man könnte die Leistung des Einheitskonzepts der traditionellen Metaphysik auch in dem Sinn als zentristisch charakterisieren, daß sie gemäß ihrem Totalitätsanspruch alles in die Immanenz ihres Selbstentwurfs einschließen will und das sich nicht Fügende ausschließt. Das Eine zieht gleichsam um sich selbst einen Kreis, dessen zyklische Form es der Mannigfaltigkeit des Nichteinen aufzudrücken versucht. Was mit diesem Stempel versehen ist, ist im Besitz eines Passierscheins, der es ihm erlaubt, in die Immanenz des Einen einzurücken; aber im Grunde genommen wird nur das hineingelassen, was der reinen Form des Einen entspricht, die es selbst in die Vielheit hineinprojiziert hat und insofern als seine eigene Setzung wiedererkennt. Das Differente als solches jedoch bleibt draußen, ausgeschlossen aus einer Vorstellung von Einheit, die ihrem Gegensatz keine eigene Qualität zugesteht. Niemand hat dies radikaler formuliert als Fichte, der die unaufhebbare Differenz zwischen dem Einen und dem Nichteinen durch einen „absoluten Machtspruch der Vernunft" beseitigt wissen will: „es soll, da das Nicht-Ich mit dem Ich auf keine Art sich vereinigen läßt, überhaupt kein Nicht-Ich sein"[57]. Zwar ist nur das absolute Ich (Gott) als reine, in sich gegensatzlose Einheit zu denken, die von Fichte als pure Selbstbezüglichkeit eines „von sich, aus sich, durch sich" gekennzeichnet wird[58], aber sofern die menschliche Vernunft ein abkünftiger Modus der göttlichen Selbstidentität ist, erweist sie sich als ebenbürtig nur durch ihren Machtspruch, mit dem sie sich als einheitsbegründende Instanz setzt. Es soll überall nur Ich, d. h. Vernunft, Selbstbewußtsein geben und nichts außerdem.

Das Konzept einer in sich reflexen, jedoch das andere ausschließenden Einheit hat sich bis zu Hegel durchgehalten. Obwohl Hegel gegen Schellings Identitätsphilosophie den Einwand erhob, daß sie das Absolute als Indifferenz im Sinne einer ungeschiedenen Einheit und damit als bloß abstrakte Dieselbigkeit denke[59], erschöpft sich auch sein Versuch, einen dynamischen Grund zu rekonstruieren, der „die Einheit der Identität und des Unterschieds" aus sich entläßt[60], darin, daß in der Prozessualität des sich vom Ansich über das Für-sich zum An-und-für-Sich entwickelnden

---

[57] J. G. Fichte: Grundlage der gesamten Wissenschaftslehre, § 4. D (Hamburg 1970, 65).
[58] J. G. Fichte: Die Wissenschaftslehre. Zweiter Vortrag im Jahre 1804, 18. Vortrag (Hamburg 1975, 180).
[59] Vgl. das Kapitel über die „Identität" in Hegels „Wissenschaft der Logik", Bd. II (Hamburg 1969, 26 ff.).
[60] G. W. F. Hegel: Enzyklopädie der philosophischen Wissenschaften, § 121 (Hamburg 1959, 30).

Absoluten die Figur einer sich umkreisenden Selbstheit wiederholt wird, vermittels derer alles Nichtselbsthafte selbsthaft gemacht werden soll.

Zusammenfassend ist festzuhalten: Die traditionelle Metaphysik ist insofern androzentristisch, als sie nur einen genealogischen Einheitsbegriff kennt, der aufgrund seiner Selbstbezüglichkeit das Denken von Andersheit prinzipiell nicht zuläßt und alles Differente aus sich ausschließt. Zwar ist es ein göttliches Wesen, das durch diesen Begriff von Einheit gedacht wird, aber dieser Gott ist nichts weiter als die Projektion eines männlichen Verstandes, der das Absolute nach Maßgabe eines Selbstverständnisses entwirft, das auf dem Ideal einer ursprünglichen Selbstmächtigkeit basiert. Somit hat der männliche Verstand keine Schwierigkeit damit, sich selbst aus dieser Projektion eines Gottes zurückzugewinnen, ist diese doch Geist aus seinem Geiste.

Die Folge der Postulierung einer reinen, unbezüglichen, totalisierenden Einheit, in welcher sich das männliche Selbstbewußtsein repräsentiert sieht, ist die Abwertung des dieser Einheit nicht Entsprechenden. Wenn es nicht gnadenlos eliminiert werden will, bleibt ihm nur die Unterwerfung unter das Gesetz des Einen, was gleichbedeutend ist mit Verlust der Freiheit. Das eigentlich Problematische einer Verabsolutierung des Denkmusters einer reinen Einheit besteht jedoch darin, daß dadurch eine gewisse Betriebsblindheit erzeugt wird, die mögliche andere Formen von Einheit von vornherein übersieht. Ein anderes, zweites Eines, noch dazu ein vielleicht sogar gleichberechtigtes, kann und darf es nicht geben. Für die Frauen bedeutete dies, daß sie – da alles andere als Geist vom Geiste des Mannes – nicht nur keine eigene Einheitsvorstellung entwickeln konnten, sondern ihre Besonderheit verleugnen mußten, um dem männlichen Einheitsideal zu entsprechen. Nur als

„Mann", d. h. als „Mensch" etikettiert (im Englischen und Italienischen z. B. ist es ein und dasselbe Wort, das sowohl ‚Mann' als auch ‚Mensch' bedeutet), fanden sie Eingang in die Domäne des Einen, in der sie sich jedoch nicht heimisch fühlen konnten, weil mit der Negation jeglicher Differenz das Sein als Frau von den Wurzeln seines Selbstverständnisses abgeschnitten wurde. Indem sie der Gattung ‚Mensch' als ein dieser zugehöriges Exemplar zugeschlagen wird, wird sie zwar zum Mitglied der Gemeinschaft des Menschengeschlechts und partizipiert an dessen Einheit; solange es jedoch nicht *ihr* Geschlecht ist, sondern das des Mannes, in welches sie unterschiedslos integriert wird – so wie der Geburtsname der Frau früher durch die Eheschließung ausgelöscht wurde und auch die Kinder automatisch den Nachnamen des Vaters erhielten –, solange alles gemäß dem Diktat des genealogischen Denkens dem Geschlecht des Mannes unterstellt wird, bleibt die Frau als Frau aus dieser Einheitsvorstellung ausgeschlossen, da darin kein Platz für „anderes", d. h. für Nichtidentisches im Sinne von Nichtmännliches ist.

2.1.2 Der praktische Begriff der Einheit

Das androzentristische Einheitskonzept der essentialistischen Philosophie bestimmte nicht nur die Theorien des Wissens, sondern auch die des Handelns. In der traditionellen Ethik wurde die heterogene Vielfalt menschlicher Wünsche, Interessen und Zielsetzungen auf ein einheitliches Konzept des Guten zurückgeführt, das als normatives Wesen menschlicher Handlungen deren Moralität ausmachen sollte. Wiederum ist es nicht die Vorstellung eines einheitlichen Begriffs von Normativität als solcher, die anstößig ist, sondern erneut die männliche Verkürzung der Dimension des Sollens auf ein in sich gegensatzloses erstes Prinzip, das als allgemein verbindlich deklariert wird und das Differente – ein Wollen, das dem Sollen nicht entspricht – entweder unterwirft oder als unmoralisch disqualifiziert, mithin ausschließt.

Es wurde bereits darauf hingewiesen, daß der Autonomiegedanke einer Theorie der Freiheit entstammt, die die Würde des Menschen darin sieht, daß er sich einem selbst gegebenen Gesetz als der Norm aller Normen unterwirft. Auf den ersten Blick könnte es allerdings scheinen, daß frau in Beweisnot gerät, wenn sie die kantische Ethik, die hier als exemplarisches Modell für eine essentialistische Ethik herangezogen wird, des Androzentrismus verdächtigt. Läßt sich ein solcher Vorwurf z. B. gegen den kategorischen Imperativ erheben? Bevor diese Frage untersucht wird, muß noch einmal darauf hingewiesen werden, daß hier nicht die These vertreten wird, die traditionelle Philosophie sei deshalb als einseitig zu verwerfen, weil die Begriffe, deren sie sich bedient, ausschließlich von männlichen Denkern entwickelt wurden. Eine solche eher triviale Behauptung übersieht, daß auch philosophierende Frauen auf Begriffe wie Einheit, das Wahre, das Gerechte, das Gute etc. angewiesen sind, um rationale Theorien des Wissens und des Handelns zu entwerfen. Entscheidend ist jedoch, wie Begriffe und Prinzipien gebildet werden und der mit ihnen verbundene Allgemeinheitsanspruch legitimiert wird. Was wir als Androzentrismus charakterisiert haben, ist die Diktatur eines genealogischen Modells von Einheit, das nach der Analogie mit der Rückführung der menschlichen Natur auf ein einziges, in sich vollkommenes und daher sich selbst genügendes Geschlecht menschliches Wissen und Handeln einem rigorosen Test unterzieht, indem nur das als rational zugelassen wird, was der Idee eines in sich geschlossenen, gleichsam nur sich selbst als sein Zentrum umkreisenden ursprünglichen Einen nicht widerspricht.

Kant hat Einheit als ein „Bedürfnis der Vernunft" bezeichnet.[61] Entsprechend diesem Bedürfnis sind alle drei Vernunftkritiken methodisch gleich aufgebaut: Ausgangspunkt ist eine Mannigfaltigkeit, die über verschiedene Einheitskonstrukte immer weiter reduziert wird, bis eine irreduzible letzte Einheit erreicht ist. So werden in der „Kritik der reinen Vernunft" die sinnlichen Anschauungsgehalte kategorialen Einheitsvorstellungen untergeordnet[62], die ihrerseits wiederum der Einheit des Bewußtseins unterstellt werden. In der „Kritik der praktischen Vernunft" sind es die sinnlichen Antriebe (Interessen, Wünsche, Neigungen), die der Einheit des Sittengesetzes unterworfen werden, das seinerseits unter dem Anspruch des Prinzips der Freiheit steht. Es ist ein und dieselbe Vernunft, deren Bedürfnis nach Einheit sowohl dem theoretischen wie dem praktischen System, aber auch den in der „Kritik der Urteilskraft" analysierten ästhetischen und teleologischen Gebilden einer konstruktiven Reflexion zugrunde liegt und die gesamte Hierarchie ermöglicht.

Das allen Einheitsprinzipien Gemeinsame besteht für Kant darin, daß sie eine Synthesis ermöglichen, d. h. eine durchgehende Verknüpfung von unterschiedlichen Faktoren zu einem sinnvollen Erfahrungszusammenhang. Die Totalität aller möglichen Erfahrungszusammenhänge hat

---

[61] Kant hegte „die Erwartung, es vielleicht dereinst bis zur Einsicht der Einheit des ganzen reinen Vernunftvermögens (des theoretischen sowohl als praktischen) bringen und alles aus einem Prinzip ableiten zu können; welches das unvermeidliche Bedürfnis der menschlichen Vernunft ist, die nur in einer vollständig systematischen Einheit ihrer Erkenntnisse völlige Zufriedenheit findet" (Kritik der praktischen Vernunft, 1797, 162).
[62] Daß es sich um hierarchische Strukturen handelt, denen gemäß die jeweils ranghöhere Einheit über die rangniedrigere dominiert, läßt sich am Text belegen. „Kategorien sind Begriffe, welche den Erscheinungen, mithin der Natur, als dem Inbegriff aller Erscheinungen ... Gesetze vorschreiben" (KrV, B 163).

die Vernunft nach Maßgabe ihres Bedürfnisses nach Einheit idealiter bereits vorentworfen: im Konstrukt eines Unbedingten, das alles Bedingte vorab auf Bedingungen festlegt, die allein der Vernunft entstammen. Der normative Grundraster, der die Folie für gültige theoretische und praktische Urteile abgibt, ist somit die apriorische Setzung einer Vernunft, die keinen Widerspruch erträgt und alle Antinomien auszumerzen bestrebt ist.

Auch wenn Kants Methode reduktiv ist, er also nicht wie z. B. Plotin genealogisch vorgeht und das Viele deduktiv aus dem Einen herleitet, sondern umgekehrt das Viele auf das Eine zurückführt, ist sein Verständnis von Einheit dennoch insofern androzentrisch, als das Interesse der Vernunft einem Konzept von Einheit gilt, das keine Zweiheit, keinerlei Gegensätzlichkeit duldet und rücksichtslose Unterwerfung beansprucht. Rigoros brandmarkt diese Vernunft das sich ihrem unbedingten Anspruch Entziehende als ungültig und spricht ihm damit seine Daseinsberechtigung ab. Der kategorische Imperativ, dessen Forderung darauf hinausläuft, alle Ansprüche der Sinnlichkeit, die als solche nicht verallgemeinerbar sind, den Ansprüchen der Vernunft bedingungslos unterzuordnen, diskreditiert „das Andere" der Vernunft im Namen eines Moralgesetzes, das Freiheit als Befreiung vom „Zwange der Sinnlichkeit" auffaßt[63], den Zwang der moralisch-praktischen Vernunft auf die Sinn-

---

[63] I. Kant: Lose Blätter, 6. Freilich sieht Kant selbst, daß dieser Zwang für die Sinnlichkeit eine – ihm allerdings gerechtfertigt scheinende – Vergewaltigung bedeutet, da „die menschliche Natur nicht so von selbst, sondern nur durch Gewalt, welche die Vernunft der Sinnlichkeit antut, zu jenem Guten zusammenstimmt", das den letzten Zweck der Menschheit bildet (Kritik der Urteilskraft, 1799, 116 f.). Vgl. hierzu kritisch A. Pieper: Stiefkind Sinnlichkeit. Zur Verdrängung des Besonderen durch das Allgemeine, in: Grenzbestimmungen der Vernunft – Philosophische Beiträge zur Rationalitätsdebatte, hg. v. P. Kolmer / H. Korten, Freiburg / München 1993.

lichkeit hingegen als jederzeit zu erbringende sittliche Leistung deklariert.

Obwohl Kant die Vernunft als eine geschlechtsunspezifische, das Männliche und Weibliche übergreifende Instanz situiert, steht er doch in der Tradition der essentialistischen Denker, die das Wesen des Menschen als eine dem männlichen Ideal ursprünglicher Selbstmächtigkeit entsprechende Norm denken. In dem Maß, in dem das aus eigener Macht Gesetzte – die Bestimmung des Menschen als eines Vernunftwesens – die unverbrüchliche Einheit seiner Herkunft aufweist, schließt es jegliche Zweiheit bzw. Andersheit aus sich aus. Für die Frau, als nicht dasselbe wie ein Mann seiend, bedeutet dies, daß sie zwar als Mensch anerkannt, bezüglich ihrer Vernunft jedoch zurückgestuft wird, denn würde auch ihr Autonomie zugestanden in dem Sinn, daß sie ihre Bestimmung als Mensch selbstmächtig hervorzubringen vermag, so hätte dies zur Folge, daß der Begriff einer gegensatzlosen Einheit gesprengt und eine Zweiheit statuiert würde, die aus der männlichen Optik nur als feindliche und daher zu bekämpfende Opposition gedacht werden kann. Die wahre Einheit kann nur aus *einer* Wurzel hervorgehen, und diese Wurzel ist das Konstrukt eines männlichen Verstandes, der sich des blinden Flecks in seinen Reflexionen nicht bewußt ist.

Der Rigorismus, mit dem der kategorische Imperativ die Sinnlichkeit als verbindlichen Bestimmungsgrund aus dem Prozeß der sittlichen Willensbildung ausgeschlossen wissen will, ist ein Indiz für die Härte, mit der der essentialistische Einheitsbegriff nichts außer sich selbst gelten läßt. Vor diesem Hintergrund ist es kein Wunder, daß in der Praxis traditionell nur der Mann als Handelnder vorkommt, da nur er als moralisches Subjekt und als Rechtssubjekt dem von ihm erhobenen Anspruch auf Autonomie in ihrer harten Form zu entsprechen vermag.

Wie sehr Kant dem Klischee vom männlichen Mann und der Weibchenfrau verhaftet war, dokumentiert ein früher Aufsatz: „Beobachtungen über das Gefühl des Schönen und Erhabenen" aus dem Jahr 1764. Dort geht er im dritten Abschnitt auf den Unterschied „des Erhabenen und Schönen in dem Gegenverhältnis beider Geschlechter" ein. Dieser Unterschied ist für ihn einer, „den die Natur zwischen zwei Menschengattungen hat treffen wollen". Daher dürfe man „nicht aus der Acht lassen, daß diese Menschen nicht von einerlei Art sein"[64]. Die naturale Verschiedenheit der Geschlechter bezüglich ihrer Gattung bzw. ihrer Art nach bedingt nach Kant verschiedene Wesenseigenschaften: Während der weibliche Charakter als „schön" bezeichnet wird, gilt der männliche als „erhaben". Ein schöner Verstand wird dadurch gebildet, daß alles das, was die „Tiefe" des Verstandes beim Mann ausmacht, von ihm ferngehalten wird, so vor allem „abstrakte Spekulationen oder Kenntnisse, die nützlich, aber trocken sind"; Geometrie, Philosophie, Astronomie, Physik, Geschichte der Kriege u. a. schaden einem weiblichen Kopf (850 ff.). „Der Inhalt der großen Wissenschaft des Frauenzimmers ist vielmehr der Mensch und unter den Menschen der Mann. Ihre Weltweisheit ist nicht Vernünfteln, sondern Empfinden" (843). „Tiefes Nachsinnen" schickt sich nicht für eine Frau, weil sie dadurch die Vorzüge ihres Geschlechts „vertilgt", ihre „Reize schwächt" und sich beim Mann „zum Gegenstande einer kalten Bewunderung" macht (852).

Soll die Frau im Bereich des Wissens auf Tiefe und Erhabenheit des Verstandes verzichten, so im Bereich des Handelns und der Moral auf „edle" Tugend. Ihre Tugend hat wiederum „schön" zu sein, weil sie vom Zwang des Sollens

---

[64] I. Kant: Beobachtungen über das Gefühl des Schönen und Erhabenen, in: Studienausgabe (Weischedel), Darmstadt 1960, Bd. 2, 851.

und überhaupt von sittlichen Grundsätzen nichts versteht. Statt dessen „hat die Vorsehung in ihren Busen gütige und wohlwollende Empfindungen, ein feines Gefühl vor Anständigkeit und eine gefällige Seele gegeben" (854 ff.). „Aufopferung" und „großmütiger Selbstzwang" sind ihrem Wesen fremd. Dafür zeichnet sie sich durch „Reinlichkeit", „Schamhaftigkeit", „Bescheidenheit" und einen „feinen Geschmack" aus.

Es sind gleichsam ‚vertikale' Prädikate (tief, erhaben), durch die Kant den männlichen Charakter beschreibt, wohingegen die weibliche Kardinaleigenschaft des Schönen ein horizontales, auf Oberflächen bezogenes Prädikat ist. Obwohl Kant der Frau nicht weniger Verstand und Tugend zugesteht als dem Mann, sondern lediglich deren Andersartigkeit betont, erkennt er sie dennoch nicht als gleichberechtigte Formen eines kognitiven und moralischen Sichverhaltens an. Wie seine späteren „Kritiken" deutlich machen, ist es das seit der griechischen Antike favorisierte vertikale Modell, das auch Kant zur Letztbegründung von Wissen und Handeln *überhaupt* heranzieht, womit er das ‚harte' Einheitsverständnis zur Grundlage eines in seinem Kern männlichen, doch als allgemeinmenschlich ausgegebenen Selbstverständnisses vernünftiger Wesen macht.

2.2 Grundzüge einer existentialistischen Ethik

Die Existenzphilosophie stellt eine Reaktion auf die essentialistische Auszeichnung des Wesens der Dinge dar, da diese mit einer Abwertung alles dessen verbunden ist, was sich in den als harte Einheit gesetzten Begriff des Wesens nicht integrieren läßt. Zwar sind auch die existentialistischen Denkansätze noch weitgehend androzentristisch, aber insofern sie das Denken von Differenz für unumgänglich erklären und damit die Sexualität erstmals zu einem *philosophisch* relevanten Thema erheben, bereiten sie der feministischen Ethik den Weg.

2.2.1 Einheit und Differenz im Verhältnis

Der dänische Philosoph Sören Kierkegaard hat im Gegenzug gegen den Essentialismus der traditionellen Philosophie, den er in der immanenten Geschlossenheit des Hegelschen Systems auf die Spitze getrieben sah, einen Denkansatz entwickelt, in welchem nicht einfach das Gewicht vom allgemeinen Wesen auf das besondere Sein verlagert wurde, sondern beide Momente als gleichrangig reflektiert wurden. Das Existieren als Mensch ist ein in sich differentes Geschehen, das ständig in dualistische Gegensätze (Leib – Seele, Notwendigkeit – Freiheit, Endlichkeit – Unendlichkeit, Zeitlichkeit – Ewigkeit) auseinanderzubrechen droht – Kierkegaard spricht in diesem Zusammenhang von Ver-zwei-flung als innerer Zerrissenheit. Um dieser Gefahr des Identitätsverlustes zu entgehen, bedarf es wiederum eines Entwurfs von Einheit, einer Einheit allerdings, die weder durch Subordinierung oder Eliminierung eines der beiden entgegengesetzten Momente noch durch Subsumtion beider Momente unter ein übergeordnetes Drittes hergestellt wird, sondern durch Integration des Differenten in ein Gemeinsames bei gleichzeitigem Festhalten der Differenz. Die existentielle Einheit stellt sich strukturell als ein Verhältnis dar.

Die berühmte Formel, die Kierkegaard in „Die Krankheit zum Tode" als Definition des Menschen entwickelt, lautet: „Der Mensch ist Geist. Was aber ist Geist? Geist ist das Selbst. Was aber ist das Selbst? Das Selbst ist ein Verhältnis, das sich zu sich selbst verhält, oder ist das an dem Verhältnis, daß das Verhältnis sich zu sich selbst verhält; das Selbst ist nicht das Verhältnis, sondern daß das Verhältnis sich zu sich selbst verhält."[65] Der Mensch wird dadurch er selbst, daß er sich verhält – zu anderen Menschen, zur Welt, zu Gott – und in diesem Sichverhalten sich zugleich zu sich selbst verhält. Die Tätigkeit des reflexen Sichverhaltens bildet somit das einigende Band zwischen den Polen des Selbstbezugs und des Bezugs auf andere(s). Das Wesen des Menschen als eines individuellen Selbst ist also nichts Statisches, sondern besteht in einer beweglichen Verhältnisstruktur bzw. muß sich aus dieser je und je geschichtlich neu bestimmen.

In „Der Begriff Angst" stellt Kierkegaard die Frage nach der Herkunft der Labilität und Instabilität der menschlichen Existenz, deren zahlreiche Fehlformen ein Indiz für das häufige Mißlingen des Sichverhaltens sind. Als christlicher Denker verweist Kierkegaard auf jene ursprüngliche Selbst-Verfehlung hin, die in der biblischen Lehre vom Sündenfall geschildert wird. Sofern das menschliche Individuum jederzeit „es selbst ist und das Geschlecht"[66], ist es mit Adam als dem numerisch ersten Sünder über das gesamte Menschengeschlecht verbunden, ohne jedoch von diesem seine Sündigkeit *geerbt* zu haben. Die Sünde ist die Tat jedes Einzelnen, der sich auf selbstische Weise entschieden hat, er selbst zu sein. Der Mensch, der sowohl als Individuum wie als Gattungswesen existiert, muß ständig sein Besonderes mit seinem Allgemeinen vermitteln, indem er sich zu beidem verhält. Weder das Tier noch der Engel ist ein solches Zwischenwesen, das Tier nicht, weil es nur Exemplar der Gattung, aber kein Individuum ist; der Engel nicht, weil er nur Individuum, aber kein Gattungswesen,

---

[65] S. Kierkegaard: Die Krankheit zum Tode, Düsseldorf 1957, 8.
[66] S. Kierkegaard: Der Begriff Angst, Düsseldorf 1965, 25.

d. h. kein Geschlechtswesen ist.[67] Daher ist nur der Mensch Sünder in dem Sinn, daß er die beiden Pole seines Seins nicht ins richtige Verhältnis gebracht hat. Die Folge davon ist: „Mit der Sündigkeit ist die Sexualität gesetzt worden. Im gleichen Augenblick beginnt die Geschichte des Menschengeschlechts."[68]

Der Mensch, zur Freiheit aufgerufen, hat sich gleich beim ersten Gebrauch seiner Freiheit selbst verfehlt, weil er, anstatt das ursprüngliche, noch unreflektierte Leib-Seele-Verhältnis durch bewußtes Sichverhalten im Gleichgewicht zu halten, dem Leib den Vorzug gegeben und damit das Seelische aus der Gemeinschaft mit dem Sinnlich-Sexuellen ausgeschlossen hat. Kierkegaard führt Angst als psychologische Erklärung für die Sünde an. Die Angst vor dem Selbstverlust, das selbstische Sichbehaltenwollen hat über den Freiheitsdrang gesiegt und das Individuum dazu bewogen, sich an das einzig sicher Scheinende zu halten, den Leib. Durch die Verabsolutierung der Endlichkeit im Sündenfall ist die Sinnlichkeit zum Inbegriff von Sündhaftigkeit geworden. Die Sexualität, im Paradies durchaus nicht negativ bewertet, sondern als integratives Moment der Leib-Seele-Synthesis aufgefaßt, wird erst dadurch zum Bösen, daß sie für sich gesetzt und damit ein Bruch zwischen Leib und Seele herbeigeführt wird. Die zuvor immanente Differenz, die von der Verhältniseinheit – auch bei Kierkegaard durch ein erotisches Band – zusammengehalten wurde, bricht in einen absoluten Gegensatz auseinander, der es dem Individuum unmöglich macht, sich weiterhin zu sich selbst zu verhalten. Der Riß geht durch es hindurch und läßt es an sich selbst verzweifeln.

Nachdem Leib und Seele im Sündenfall radikal vonein-

---

[67] Vgl. ebenda, 32.
[68] Ebenda, 51.

ander gespalten wurden, bedarf es eines Dritten, einer neuen identitätsstiftenden Instanz, die das Auseinandergerissene wieder in ein Verhältnis bringt. Kierkegaard nennt dieses einigende Band „Geist"[69]. Zwar war der Geist auch schon in der ursprünglichen Leib-Seele-Synthesis vorhanden, aber nur „träumend", d. h. Freiheitsprojekte entwerfend, ohne sie zu realisieren. Erst die durch den Bruch aufgerissene Zweiheit setzt zugleich den Geist frei und konfrontiert ihn mit einer Aufgabe, die ihn an seiner Kompetenz zweifeln läßt. Er soll Leib und Seele wieder vereinigen, aber durch die Verabsolutierung der Leib-Dimension im Sündenfall und die Konzentration des Erotischen auf den Leib ist eine neue Zweiheit hervorgetreten, die als solche vorher nicht existierte, da sie von vornherein im Seelischen aufgehoben war: die sexuelle Differenz. „Das Sexuelle ist der Ausdruck für jenen ungeheuren ‚Widerspruch', daß der unsterbliche Geist als Mann oder Frau (*genus*) bestimmt ist."[70]

Adam ist, was die Abfolge des Generationsverhältnisses betrifft, das erste Individuum, Eva „das Abgeleitete". „Das Abgeleitete ist nie so vollkommen wie das Ursprüngliche. Indes ist der Unterschied hier bloß quantitativ."[71] Qualitativ betrachtet sind Mann und Frau gleich: Der Prozeß individuellen Selbstwerdens stellt beide vor die gleiche Aufgabe der Herstellung eines ausgewogenen Selbstverhältnisses. Die quantitative Verschiedenheit liegt in der Sinnlichkeit. Die Frau ist nach Kierkegaard sinnlicher, entsprechend hat sie mehr Angst vor den Gefahren der Freiheit.

---

[69] In Analogie zur Dreieinigkeit Gottes, in welcher der Heilige Geist das vermittelnde Band zwischen Gottvater und Gottsohn bildet, ist im menschlichen Selbstverhältnis „Geist" der Name für die zwischen den Gegensätzen vermittelnde, einheitsbegründende und -herstellende Kraft.
[70] Der Begriff Angst, 69.
[71] Ebenda, 63.

Daraus folgt für ihn jedoch nicht, daß die Frau durch den Sündenfall mehr Schuld auf sich geladen hat als der Mann. Vielmehr haben sich beide in ihrem Selbstsein verfehlt, indem sie unter Ausschluß der seelischen Ansprüche auf die Bedürfnisse des Leibes setzten und ihre ursprüngliche Einheit zerstörten.

Nach dem Sündenfall und der Vertreibung aus dem Paradies ist alles verändert, auch das Körperverhältnis. Die natürliche Scham, die im Zustand der Unschuld die auf den Geist bezogene Seele einerseits und die auf eine Erfüllung im Körperlichen ausgerichtete sexuelle Besonderung andererseits im Gleichgewicht hielt, verwandelt sich in den Trieb, dessen Ziel die Fortpflanzung ist. Diese Form der Einheit durch körperliche Vereinigung ist dem Geist fremd, da er an ihrem Zustandekommen nicht beteiligt ist. „Weil der Geist auf dem Gipfelpunkt des Erotischen nicht mit dabei sein kann ... kann (er) sich im Erotischen nicht ausdrücken, er fühlt sich fremd ... Im Augenblick der Empfängnis ist der Geist am weitesten fort und darum die Angst am größten. In dieser Angst entsteht das neue Individuum. Im Augenblick der Geburt erreicht die Angst zum zweiten Male ihren Gipfel in der Frau, und in diesem Augenblick kommt das neue Individuum zur Welt."[72]

Die Frage, wie der Geist überhaupt ein neues Selbstverhältnis zu begründen vermag, wenn doch eines der zu integrierenden Momente – die sexuelle Besonderung – aus seinem Verstehenshorizont völlig herausfällt, wird von Kierkegaard christlich beantwortet. Das Sexuelle muß gleichsam durch Liebe vergeistigt werden, was bedeutet, daß es zu „vergessen ist und seiner allein im Vergessen" zu gedenken ist. „Wenn dies geschehen ist, ist die Sinnlichkeit

---

[72] Ebenda, 72.

in Geist verklärt und die Angst ausgetrieben."[73] Die Einheit, die im Geist und durch den Geist gesetzt wird, kommt demnach nicht durch eine Integration *aller* für das menschliche Sein konstitutiven Faktoren zustande, sondern durch Ausschluß eben jenes Differenten, das durch Leugnung des Geistig-Seelischen den ursprünglichen Verband gesprengt und sich für sich selbst gesetzt hat. Im Gegenzug wird nun die Sexualität als das zur Integration Unfähige aus der durch den Geist gestifteten Einheit verbannt. Dem Sinnlichen wird die erotische Spitze genommen, damit es – gleichsam geschlechtslos gemacht – dem Seelisch-Geistigen ebenbürtig wird und sich dem existentiellen Selbstverhältnis wieder eingliedert: „Im Geist besteht kein Unterschied zwischen Mann und Frau."[74]

2.2.2 Vielheit mit Einem Sinn

Wie Kierkegaard hat auch Friedrich Nietzsche gegen den Essentialismus der traditionellen Philosophie polemisiert. Während Kierkegaard den Gedanken der Einheit des Systems durch eine Vielzahl von Pseudonymen, die auf der Suche nach ihrer individuellen Identität aus einer persönlichen Betroffenheit heraus reflektieren, ironisch zu unterlaufen versucht, fragmentarisiert Nietzsche das Systemkonzept durch seinen aphoristischen Stil.

Wenn wir unter Berufung auf das begriffliche Wesen der Dinge etwas als unumstößlich wahr behaupten, haben wir vergessen, daß die Eigenschaften des Festen, Allgemeinen, Regulierenden, mit denen wir die Begriffe ausstatten, nicht in den Dingen gewissermaßen als ihre Essenz anzutreffen sind, sondern sich Abstraktionsprozessen verdanken, in

---

[73] Ebenda, 81.
[74] Ebenda, 71.

welchen ursprünglich bildhafte, sinnliche Eindrücke immer mehr zu bloßen Schemen verblassen, die aufgrund ihrer Farblosigkeit für vieles Verschiedene stehen können. „Was ist also Wahrheit? Ein bewegliches Heer von Metaphern, Metonymien, Anthropomorphismen, kurz eine Summe von menschlichen Relationen, die, poetisch und rhetorisch gesteigert, übertragen, geschmückt wurden, und die nach langem Gebrauch einem Volke fest, canonisch und verbindlich dünken: die Wahrheiten sind Illusionen, von denen man vergessen hat, dass sie welche sind, Metaphern, die abgenutzt und sinnlich kraftlos geworden sind."[75]

Besonders heftig hat Nietzsche den Leib-Seele-Dualismus, wie er in der abendländischen Metaphysik und im Christentum vertreten wurde, angegriffen, weil darin unterstellt wurde, das Wesen des Menschen bestehe in seiner Rationalität, er sei ein reines Verstandeswesen, das vermittels apriorischer Begriffe an einer idealen, überempirischen wahren Welt partizipiere. Spöttisch setzt er dagegen: „Wir sind keine denkenden Frösche, keine Objektivier- und Registrierapparate mit kaltgestellten Eingeweiden."[76] Anders als Kierkegaard will Nietzsche die Sexualität nicht aus dem individuellen Selbstverhältnis ausklammern, denn: „Grad und Art der Geschlechtlichkeit eines Menschen reicht bis in den letzten Gipfel seines Geistes hinauf."[77] Unter dem Druck christlicher Werturteile habe sich der Geschlechtstrieb zur Liebe „sublimiert"[78], wodurch jedoch der Leib und das Leben diskriminiert würden. „Jede Verachtung des ge-

---

[75] F. Nietzsche: Über Wahrheit und Lüge im außermoralischen Sinn, in Sämtliche Werke, Kritische Studienausgabe (= KSA), München 1980, Bd. 1, 880f.
[76] F. Nietzsche: Die fröhliche Wissenschaft, in: KSA, Bd. 3, 349.
[77] F. Nietzsche: Jenseits von Gut und Böse, in: KSA, Bd. 5, 87.
[78] Ebenda, 111.

schlechtlichen Lebens, jede Verunreinigung desselben durch den Begriff ‚unrein' ist das Verbrechen selbst am Leben, – ist die eigentliche Sünde wider den heiligen Geist des Lebens."[79]

Nietzsche denkt Einheit, Identität ebenso wie Kierkegaard als Leistung eines Individuums, das sich im Sich-zu-sich-selbst-Verhalten voll und ganz in seiner Besonderheit durchdringt und bejaht. Er kehrt jedoch die von Kierkegaard vertretene christliche Position in ihr Gegenteil, indem er nicht die vom Erotischen gereinigte Sinnlichkeit auf die Stufe des Geistigen emporhebt, sondern den Leib zur „großen Vernunft" erklärt. In Zarathustras Rede gegen die „Verächter des Leibes" ist „Leib" der Name für jene Einheit und Ganzheit, als die das Individuum sich durch sein der künstlerischen Tätigkeit verwandtes „Schaffen" selbst hervorbringt. „Leib bin ich ganz und gar, und Nichts ausserdem; und Seele ist nur ein Wort für ein Etwas am Leibe. Der Leib ist eine grosse Vernunft, eine Vielheit mit Einem Sinne, ein Krieg und ein Frieden, eine Heerde und ein Hirt."[80] Die große Vernunft benutzt die traditionell als Verstand bezeichneten geistigen Fähigkeiten als „kleine Vernunft", um sich selbst als Leib zu organisieren: „dein Leib und seine grosse Vernunft: die sagt nicht Ich, aber thut Ich".[81] Diese Tätigkeit individuellen Sich-selbst-Schaffens im Sinne einer kreativen Verleiblichung von ichhafter Besonderheit heißt auch bei Nietzsche wie schon vorher bei Kierkegaard „Selbst". „Hinter deinen Gedanken und Gefühlen ... steht ein mächtiger Gebieter, ein unbekannter Weiser – der heisst Selbst. In deinem Leibe wohnt er, dein Leib

---

[79] F. Nietzsche: Ecce homo, in: KSA, Bd. 6, 307.
[80] F. Nietzsche: Also sprach Zarathustra, in: KSA, Bd. 4, 39.
[81] Ebenda.

ist er."⁸² Das Selbst ist kein statisches Gedankenkonstrukt der kleinen Vernunft, vielmehr tätigt es sich als der Akteur, der Organisator und Kompositeur des Leibes, dessen große Vernunft sich in der Ausgewogenheit des Verhältnisses zeigt, das die Identität des Schaffenden begründet. Nietzsche sieht in der künstlerischen Produktivität und im Geschlechtstrieb dieselbe Zeugungskraft am Werk. „Es ist ein und dieselbe Kraft, die man in der Kunst-Conzeption und die man im geschlechtlichen Actus ausgiebt: es giebt nur Eine Art von Kraft."⁸³

Vielleicht ist diese an Plotins Bild der Emanation erinnernde Stelle eine Schlüsselstelle für Nietzsches Abwertung der Frau. Obwohl auch sie sich als geschlechtliches Individuum zu verwirklichen hat, vermag sie ihre Sexualität nicht schöpferisch einzusetzen. Ihr mangelt es an Zeugungskraft. Deshalb bringt sie es nicht zu einem eigenständigen Selbst, weil sie schwächer ist, oberflächlich (nichts als Tanz, Torheit und Putz im Kopf), an der Wahrheit Ekel empfindet⁸⁴ und keinen eigenen Willen hat: „Das Glück des Mannes heisst: ich will. Das Glück des Weibes heisst: er will."⁸⁵ Im Gehorsam findet die Frau ihre wahre Bestimmung: „Alles am Weibe ist ein Räthsel, und Alles am Weibe hat Eine Lösung: sie heisst Schwangerschaft. Der Mann ist für das Weib ein Mittel: der Zweck ist immer das Kind."⁸⁶ Doch nicht einmal die Reproduktionsfähigkeit der Frau stellt für Nietzsche eine Leistung dar, die ihren eigenen Wert hat. Gemessen an der Produktivkraft des Mannes ist das Gebären von Kindern nicht annähernd so verdienstvoll

---

⁸² Ebenda, 40.
⁸³ Nachgelassene Fragmente, in: KSA, Bd. 13, 600.
⁸⁴ F. Nietzsche: Menschliches, Allzumenschliches, in: KSA, Bd. 2, 498.
⁸⁵ F. Nietzsche: Also sprach Zarathustra, a. a. O., 85.
⁸⁶ Ebenda, 84 f.

wie die leibgebundene Selbst-Organisation des Mannes als große Vernunft.

Es scheint, daß Nietzsche trotz seines individual-existentialistischen Ansatzes die metaphysischen Vorstellungen noch nicht ganz überwunden hat, wenn er der Frau die Möglichkeit einer Identitätsfindung aus eigener Kraft abspricht, da sie ihre Erfüllung nicht in sich selbst und aus sich selbst hat, sondern dazu eines Zweiten (des Mannes) bedarf und auch das Erfüllende nicht sie selbst, sondern ein Zweites (das Kind) ist. Aber wehe, die Frau versucht es dem Mann gleichzutun! Nietzsche spart nicht an bissigen Worten, um die Frauenemanzipation zu diffamieren. „Wenn ein Weib gelehrte Neigungen hat, so ist gewöhnlich Etwas an ihrer Geschlechtlichkeit nicht in Ordnung. Schon Unfruchtbarkeit disponirt zu einer gewissen Männlichkeit des Geschmacks"[87]." „Das Weib will selbständig werden: und dazu fängt es an, die Männer über das ‚Weib an sich' aufzuklären – *das* gehört zu den schlimmsten Fortschritten der allgemeinen *Verhässlichung* Europa's"[88]. „Indem es sich dergestalt neuer Rechte bemächtigt, ‚Herr' zu werden trachtet und den ‚Fortschritt des Weibes' auf seine Fahnen und Fähnchen schreibt, vollzieht sich mit schrecklicher Deutlichkeit das Umgekehrte: *das Weib geht zurück.*"[89] „*Vermännlichung der Weiber* ist der rechte Name für ‚Emancipation des Weibes'. Das heisst, sie formen sich nach dem Bilde, das der Mann jetzt abgiebt, und begehren *seine* Rechte. Ich sehe darin eine Entartung im Instincte der jetzigen Weiber".[90]

Ähnliche Stellen finden sich zuhauf in Nietzsches Wer-

---

[87] F. Nietzsche: Jenseits von Gut und Böse, a. a. O., Bd. 5, 98.
[88] Ebenda, 170.
[89] Ebenda, 176.
[90] Nachgelassene Fragmente, in: KSA Bd. 11, 231.

ken, und er wird nicht müde, die Frauenemanzipation als weibliche Selbstherrlichkeit zu geißeln und den Frauen nahezulegen, ihren vollkommenen Mangel an Vernunft in der Küche zu beheben, anstatt sich durch Aufklärung zu kompromittieren.[91] Es ist sicher nicht abzustreiten, daß Nietzsche den Frauen wenigstens das bewahren möchte, was sie als Frauen anziehend macht – aber eben für den Mann. Solange Frauen ausschließlich aus der männlichen Perspektive als die Negativfolie eines sich selbst erzeugenden Selbstverhältnisses gesehen werden und ihre Unfähigkeit zur Autonomie gerade als Positivität festgeschrieben ist, können sie sich nicht als individuelles Selbst verwirklichen, weil ihr Anderssein keinen Eigenwert erhält, sondern als ein Manko aufgefaßt wird, dem abzuhelfen ihnen verwehrt wird mit dem Argument, sie würden sich in ihrem Sein als Frau verfehlen.

2.3 Jenseits von Essentialismus und Existentialismus

Die Existenzphilosophen haben durch ihre Kritik des ‚harten', gleichsam totalitären Begriffs von Einheit, wie er in den metaphysischen Konzepten essentialistisch konstruiert wurde, und durch ihre Auflösung der Vorstellung einer gegensatzlosen Einheit in der Selbstbezüglichkeit eines Ethos des Sichverhaltens modernen und postmodernen Philosophen den Weg zu einem anderen Denken von Einheit gewiesen.

---

[91] Vgl. Jenseits von Gut und Böse, a.a.O., 172 f.

2.3.1 Dekonstruktionen von Einheit

So kritisiert Theodor W. Adorno in seinem Buch „Negative Dialektik" den Subjektbegriff der traditionellen Metaphysik idealistischen Typs und damit verbunden den Herrschaftsanspruch auf Autonomie und Identität. Adorno versucht zu zeigen, daß die von Platon bis Hegel in der Metaphysik ausgebildete dialektische Methode so funktionierte, daß sie alle Gegensätze – von Subjekt und Objekt, von Identität und Nichtidentität, von Einheit und Vielheit – aufhob, indem sie jeweils den negativen Teil dem positiven subordinierte oder in diesem umstandslos zum Verschwinden brachte. Statt dessen will Adorno mittels einer „Entzauberung des Begriffs"[92] demjenigen, was aus dem Begriff und damit aus dem System der Philosophie ausgeschlossen wurde, zu seinem Recht verhelfen. Sein Verständnis von *negativer* Dialektik zielt auf eine „Logik des Zerfalls"[93], die die festgeschriebenen Gegensätze nicht in einer Zwangsidentität aufheben, sondern in ihrer Widersprüchlichkeit bestehen lassen will. Adorno setzt daher an die Stelle der positiven Einheit einer über These und Antithese gewonnenen Synthese eine „Konstellation"[94], d. h. eine Versammlung von Begriffen um die in Frage stehende Sache herum, wodurch mit den Mitteln des Denkens eine Annäherung an dasjenige geschehen soll, was sonst durch den kategorialen Grundraster fällt, weil es nicht von der Art des Begriffs ist und daher von diesem negiert wird: im theoretischen Bereich das einzelne sinnliche Objekt, im praktischen das Individuum. Über Konstellationen, die Adorno auch als „sedimentierte Geschichte" bezeichnet[95],

---

[92] Th. W. Adorno: Negative Dialektik, Frankfurt a. M. 1982, 24.
[93] Ebenda, 148.
[94] Ebenda, 164 f.
[95] Ebenda, 65.

wird das Einzelne, Besondere über die Verhältnisse, in denen es steht, entziffert, d. h., die Prozesse, aus denen es als das hervorgegangen ist, was es jetzt ist, seine in ihm gespeicherte Geschichte wird erzählt oder, wie Adorno auch sagt, „komponiert"[96].

Dieses Verfahren des Komponierens hat auch Jacques Derrida benutzt, um durch Konstellationen und Arrangements unterschiedlicher Texte neue Einsichten zu erzeugen. Seine Kritik am „Logozentrismus" der traditionellen Metaphysik äußert sich in seinem „dekonstruktiven" Vorgehen. In seinem Buch „Die Schrift und die Differenz" will er das durch den Logos Verdrängte und Unterdrückte, das Nichtlogoshafte als das schlechthin Differente in den Blick rücken. Sein Anliegen einer Dekonstruktion der Metaphysik qua Logostheorie beabsichtigt jedoch nicht eine Rettung der Phänomene auf Kosten des Logos – das wäre wiederum bloß eine Verdrängung in umgekehrter Richtung –, vielmehr will er einem Denken in der Differenz und durch die Differenz den Weg bahnen, einem Denken, das den Spuren des bisher Verdrängten folgen soll. Derrida sieht daher den als solchen nicht feststellbaren Ort der Philosophie in der Differenz zwischen der geschlossenen Struktur eines Systems, dessen Prinzipien durch Apriorität, Ungeschichtlichkeit sowie überzeitliche Geltung gekennzeichnet sind, und der strukturalen Öffnung eines nicht geschlossenen Systems, durch das ein Werden, eine Entwicklung, eine geschichtliche Veränderung gedacht werden kann. Aufgabe der Philosophie in diesem Zwischenbereich der Differenz ist die Dekonstruktion der von der Philosophie entwickelten Denkkonstrukte, um für jedes von ihnen die ursprüngliche Fragedimension wiederzugewinnen. Philosophie

---

[96] Ebenda, 167.

speist sich somit für Derrida aus einer unaufhebbaren Aporie: Wir können nicht anders, als alles Wissen von einem Zentrum her zu strukturieren und zu organisieren, denn unser Denken ist logoszentriert. Wir müssen also dieses Zentrum jeweils setzen, es sogleich jedoch wieder aufheben um der Geschichtlichkeit desjenigen willen, was über die Struktur eingefangen und verstehbar gemacht werden soll.[97]

In einem Interview hat Derrida auf die Frage, ob die Negation der Möglichkeit einer Vernunfteinheit nicht zugleich die Aufhebung der Ethik impliziere, geantwortet: „Zunächst möchte ich unterstreichen, daß die Dekonstruktion weit davon entfernt ist, der amoralische oder unethische Nihilismus zu sein, als der sie oft dargestellt wird. Die Dekonstruktion ist ein affirmatives Denken einer möglichen Ethik, eines Engagements jenseits der Technik des Kalkulierbaren. Die Sorge um die Verantwortlichkeit steht im Zentrum der dekonstruktiven Erfahrung. Natürlich kann sich diese Verantwortlichkeit nicht mehr wie früher auf klassische Weise definieren ... Es gibt andere Arten des Zusammenhangs, die nicht zwingend die des Systems sind ... Was ich Differenz nenne, Dissemination, Teilbarkeit, ist nicht wesentlich fragmentarisch. Es ist eine Auflösung der Beziehung zum Anderen, Heterogenen, ohne Hoffnung und ohne Wunsch nach Totalisierung. Es ist eine andere Erfahrung der Differenz."[98] Diese andere Erfahrung speist sich aus der Auflösung der Opposition gegen sich selbst, woraus in bezug auf die sexuelle Differenz folgt: „Es

---

[97] J. Derrida: Die Schrift und die Differenz, Frankfurt a. M. 1972. Vgl. besonders die Kapitel „Kraft und Bedeutung", 9–52; „Genesis und Struktur", 236–258; „Freud und der Schauplatz der Schrift", 302–350.
[98] Jacques Derrida in: F. Rötzer: Französische Philosophen im Gespräch, München 1987, 67–87; zit. 77 f.

gibt ... keine Wahrheit an sich des Geschlechtsunterschieds an sich, des Mannes oder der Frau an sich."[99] Die Geschlechterdifferenz gibt es nicht als Wesen oder Sein der Frau bzw. des Mannes; sie existiert nur, insofern sie als solche konstruiert wird.

Die von Adorno und Derrida vorgetragene Kritik an der einseitig auf den Logos und seine Rationalitätsstrukturen konzentrierten abendländischen Philosophie gilt dem Terror, den sie gegen alles das ausübt, was sich dem unmittelbaren Zugriff durch den Begriff entzieht. Was im Begriff nicht aufgeht, kann getrost auf dem Altar des Absoluten aufgeopfert werden, denn es hat ja von sich her keine Daseinsberechtigung. Wenn Adorno und Derrida dafür plädieren, dem Anderen, Differenten, im Begriff Negierten seine ihm eigene Würde zurückzuerstatten, eine Würde, die ihm gerade nicht von Gnaden des Logos, sondern aufgrund seiner geschichtlichen Einmaligkeit und Besonderheit zukommt, so greifen sie damit das Grundanliegen der Existenzphilosophie auf, die dem metaphysisch sanktionierten Diktat der Vernunft das Konzept einer erst im Anderen ihrer selbst zu sich kommenden und sich erfüllenden Vernunft entgegensetzte.

Andere Denker haben wieder andere Vorstellungen von Einheit vorgeschlagen, die auch und gerade das durch den Logos ausgeschlossene Sinnliche auf seine Kosten kommen lassen. So hat z. B. Roland Barthes die Lust des lesenden Subjekts als Selbstauflösung des Körpers beschrieben, der sich im Akt des Lesens einer sinnlichen Erfahrung von Sinn hingibt. „Vielleicht kehrt nun das Subjekt nicht als Illusion, sondern als *Fiktion* zurück. Eine gewisse Lust gewinnt man aus einer bestimmten Art, sich als *Individuum* vorzustel-

---

[99] J. Derrida: Eperons/Sproni/Spurs/Sporen, Venedig 1986, 53.

len, eine letzte Fiktion seltenster Art zu erfinden: das Fiktive der Identität. Diese Fiktion ist nicht mehr die Illusion einer Einheit; sie ist im Gegenteil das Gesellschaftsschauspiel, in dem wir unseren Plural auftreten lassen: unsere Lust ist *individuell* – aber nicht personal."[100] Der Vorgang des Lesens ist somit ein weiteres Modell für eine herrschaftsfreie Verschmelzung von Subjektivität und Intersubjektivität, in welcher das Subjekt sich in einem anderen Subjekt verliert und zugleich in seiner Individualität bestätigt findet.

Gilles Deleuze und Félix Guattari haben in ihrem neuesten Buch „Was ist Philosophie?" den Faden weitergesponnen, indem sie die klassische Vorstellung einer totalisierenden Einheit mit einem anderen Typ von Einheit konfrontieren, der es erlaubt, Heterogenes als ein System ohne Zentrum zu begreifen. Sie benutzen den botanischen Unterschied zwischen Pfahlwurzel und Rhizom als Metapher, um einerseits ein Denken zu charakterisieren, das wie ein Baum in einer Hauptwurzel verankert ist und entsprechend ein in sich geschlossenes Weltbild veranschaulicht, dessen geistige Realität sich einer dichotomischen, binären Logik verdankt: die Wurzel als einheitsbegründendes Subjekt und der Baum als darauf gegründetes Objekt. Rhizome andererseits als in unterirdischen Strängen sich vielfältig verzweigende Knollen- und Zwiebelgewächse verbildlichen eine mannigfaltige, in sich völlig heterogene, wild wuchernde Wirklichkeit, die dennoch einen inneren Zusammenhang erkennen läßt. Das Krokodil, das die Form eines Baumstamms annimmt, die Sprache, der Staatsapparat, Wespe und Orchidee, ein Ameisenhaufen – sie alle bilden Rhizome, sofern sie sich nicht nach Art eines Stammbaums ge-

---

[100] R. Barthes: Die Lust am Text, Frankfurt a. M. 1974, 91 f.

nealogisch auseinanderentwickeln, sondern sich im Sinne einer aparallelen Evolution miteinander verbünden, ohne einander zu reproduzieren, zu kopieren oder zu imitieren.[101] Jedes Element des Rhizoms bleibt in der Verbindung mit den anderen Teilen, was es ist, bei gleichzeitiger Transformation und Projektion seiner selbst auf das andere seiner selbst. Die Wespe wird, indem sie die Pollen der Orchidee einsammelt, „zu einem Teil des Fortpflanzungsapparates der Orchidee"[102], während die Orchidee zum Vorratslager für die Wespe avanciert, ohne daß sich dadurch am Status des Orchidee- bzw. Wespeseins etwas ändert.

Die Beziehungen innerhalb des Rhizom-Systems sind demnach antigenealogisch und nichthierarchisch. „Der Begriff der Einheit taucht immer nur dann auf, wenn in einer Mannigfaltigkeit der Signifikant die Macht übernimmt. Die Einheit operiert immer in einer leeren Dimension, die zu der des jeweiligen Systems hinzukommt (Übercodierung). Ein Rhizom oder eine Mannigfaltigkeit dagegen läßt sich nicht übercodieren."[103] Sobald also ein Teil des Rhizoms verabsolutiert oder das wildwüchsig-offene Beziehungsgeflecht des Rhizoms als Ganzes unter einen künstlich herangetragenen Oberbegriff gebracht wird, wird der Mannigfaltigkeit wieder das einengende Wurzel-Baum-Modell oktroyiert, das von den Autoren als ein Theorem der Diktatur bezeichnet wird, als eine Lösung „mit General", die von vielen Philosophen bevorzugt wird, weil ihnen „ein Baum in den Kopf gepflanzt (ist), aber das Gehirn selbst ist eher Kraut oder Gras als Baum"[104]. Deleuze und Guattari plädie-

---

[101] G. Deleuze / F. Guattari: Was ist Philosophie?, 16–22.
[102] Ebenda, 20.
[103] Ebenda, 18.
[104] Ebenda, 8.

ren für das Rhizom als „ein azentrisches, nicht hierarchisches und asignifikantes System ohne General. Es hat kein organisierendes Gedächtnis und keinen zentralen Automaten ... Im Rhizom geht es um eine Beziehung zur Sexualität, aber auch zum Animalischen und Pflanzlichen, zur Welt, zur Politik, zum Buch, zu natürlichen und künstlichen Dingen, die sich völlig von der baumartigen Beziehung unterscheidet: um alle möglichen Arten des ‚Werdens'."[105]

Dem Abendländer tut ein Umdenken not. Da er – im Unterschied zum Orientalen, der ein (rhizomatisches) Verhältnis zu Steppe und Garten bzw. zu Wüste und Oase hat – „eine besondere Beziehung zum Wald und zur Rodung" hegt, ist sein Selbstverständnis baumartig, d. h. nicht horizontal, sondern vertikal. „Die Transzendenz: eine typisch europäische Krankheit" merken die Autoren an und erläutern die Konsequenzen dieser Krankheit für die Auffassung der Sexualität: „samentragende Pflanzen, selbst wenn sie beide Geschlechter vereinigen, ordnen die Sexualität dem Modell der Fortpflanzung unter; das Rhizom dagegen bedeutet eine Befreiung der Sexualität, nicht nur im Hinblick auf die Fortpflanzung, sondern auch im Hinblick auf die Genitalität. Bei uns ist der Baum in die Körper eingepflanzt, und er hat sogar die Geschlechter verhärtet und in Schichten aufgeteilt."[106]

Deleuze und Guattari haben, ohne es ausdrücklich zu sagen, in ihrer Kritik des Baum-Modells den Androzentrismus des traditionellen Denkens von Einheit ad absurdum geführt, indem sie gezeigt haben, daß die rigorose Beschneidung einer Mannigfaltigkeit von gewachsenen und sich weiterentwickelnden Strukturen nach dem Schema einer

---

[105] Ebenda, 36.
[106] Alle Zitate ebenda, 32.

binären Opposition zu einer Verarmung in allen Dimensionen unserer Lebenswelt führt. Wo das Verhältnis von Seele und Leib nach Analogie der Verbindung von Kommandozentrale (General) und Befehlsempfänger (Heer) vorgestellt wird, werden um einer übergestülpten Ordnung und Einheit willen alle sich nicht fügenden Elemente rücksichtslos ausgemerzt, bis die Wirklichkeit dem in der Kommandozentrale entworfenen Generalstabsplan entspricht. Die normierten Körper sind bestimmten Geschlechterrollen unterworfen und gehorchen ebenfalls normierten Beziehungen zu anderen Körpern. Ganz anders, nämlich nicht in festgefügten Strukturen und vorgegebenen Ordnungsgebilden, entwickelt sich das Körper- und Geschlechterverhältnis nach dem Rhizom-Modell. Auch wenn die Erprobung dieses Modells noch aussteht, läßt sich doch erahnen, daß die Möglichkeiten freier Selbstverwirklichung offengelassen werden, damit sich neue, nicht vorhersehbare Formen eines gemeinsamen Selbst- und Weltverständnisses herausbilden können.

2.3.2. Die Herrschaft der Diskurse

Die Kritik an den traditionellen Einheitskonzepten hat die Augen für das von diesen Verformte, Unterworfene oder Ausgeschlossene geöffnet. Was als Vielfältiges bestenfalls den Rang einer schlechten Kopie des Einfältigen hatte, erschien im Licht einer anderen Sonne als etwas qualitativ Eigenwertiges. Dadurch änderte sich auch die Beziehung zum Körper und über diese die Beziehung zum „anderen" Geschlecht. Zwar bleibt die Reflexion insofern männlich orientiert, als es für männliche Denker zuerst einmal galt, die eigene Sexualität zum Gegenstand zu machen, und dies mit dem metasprachlichen Begriffsvokabular der traditionellen Philosophie. Aber in dem Maß, in welchem die männliche

Sexualität aufgearbeitet wurde, verlor auch der Androzentrismus an Dominanz, da sich bald zeigte, daß der traditionelle Diskurs über die Sexualität vorgezeichneten Mustern folgte, die mit der Realität nicht in Einklang zu bringen sind. Die Befreiung aus diesen starren Denkmustern hat zwar noch nicht oder allenfalls ansatzweise zu einem neuen, positiven Verständnis der Geschlechterdifferenz geführt, aber doch immerhin Neuland erschlossen, auf dem innovative Konstruktionsprinzipien kreiert und auf ihre Fruchtbarkeit getestet werden können.

Michel Foucault hat sich den Zugang zum Thema Sexualität über eine Rekonstruktion der Geschichte sexueller Verhaltensweisen in abendländischen Gesellschaften erschlossen, wobei die ihn leitende Fragestellung die ist: Wie sind die Diskurse, die – unter Erhebung eines Wahrheitsanspruchs – über theoretische und praktische Angelegenheiten zustande kommen, mit Machtmechanismen und -institutionen vernetzt? Foucault ist nicht einfach Philosophiehistoriker; er ist geisteswissenschaftlicher Archäologe, der quer zu den gängigen Interpretationsschemata „das Unbewußte der Wissenschaft" ans Licht bringen will.[107] Er möchte den Bereich der Wurzeln und Ursprünge menschlicher Erkenntnisse mittels der Sprache ausgraben und als das eigentliche Feld des Wissens freilegen, dessen Strukturen ganz andere Taxinomien bzw. Ordnungssysteme ergeben als diejenigen, die das alltägliche und das wissenschaftliche Wissen normieren. Das Verhältnis von „Sexualität und Wahrheit"[108] wird von ihm in den unterschiedlichen Typen des Sex-Diskurses als diesen immanente Strategien von

---

[107] M. Foucault: Die Ordnung der Dinge, Frankfurt a. M. 1974, 11.
[108] Es liegen bisher drei Bände in deutscher Übersetzung vor: 1. Der Wille zum Wissen, Frankfurt 1977, 2. Der Gebrauch der Lüste, Frankfurt 1989, 3. Die Sorge um sich, Frankfurt a. M. 1989.

Macht herauspräpariert. „Zwischen Macht und Sex gibt es stets nur ein negatives Verhältnis: Verwerfung, Ausschließung, Verweigerung, Versperrung, Verstellung oder Maskierung. Die Macht ‚vermag' über den Sex und die Lüste nichts – außer nein zu ihnen zu sagen ... Die Macht ist wesenhaft das, was dem Sex sein Gesetz diktiert."[109] Sie ist die Instanz, die im „Sexualitätsdispositiv" den Zugriff auf die Körper regelt und organisiert. Als ihre Hauptstrategien führt Foucault die „Hysterisierung des weiblichen Körpers", die „Pädagogisierung des kindlichen Sexes", die „Sozialisierung des Fortpflanzungsverhaltens" und die „Psychiatrisierung der perversen Lust" an.[110]

Foucault läßt keinen Zweifel daran, daß die Machtsysteme und die durch sie diktierten Formen des Umgangs mit der Sexualität einer männlichen (der griechischen) Moral entstammen: „die Frauen sind im allgemeinen (und abgesehen von der Freiheit, die ihnen ein Status wie der der Kurtisane geben mag) äußerst strengen Zwängen unterworfen; und doch wendet sich dieses Modell nicht an die Frauen; es sind nicht ihre Pflichten und Schuldigkeiten, die darin angemahnt, gerechtfertigt oder entfaltet werden. Es ist eine Männermoral: eine Moral, die von Männern gedacht, geschrieben, gelehrt wird und an Männer – natürlich freie – gerichtet ist. Folglich eine männliche Moral, in der die Frauen nur als Objekte oder bestenfalls als Partner vorkommen, die es zu formen, zu erziehen und zu überwachen gilt, wenn man sie in seiner Macht hat, und deren man sich

---

[109] Der Wille zum Wissen, 103. Der deutsche Ausdruck ‚Lust' bzw. ‚Lüste' klingt härter und derber als das französische ‚plaisir' und das englische ‚pleasure'. Vielleicht wäre ‚Freude' eine passendere Übersetzung, insofern dieser Ausdruck sowohl in einem allgemeinen Sinn gebraucht werden kann (etwas macht mir Freude) als auch sexuelle Konnotationen aufweist (Freudenhaus, Freudenmädchen u. a.).
[110] Ebenda, 126.

zu enthalten hat, wenn sie in der Macht eines andern (Vater, Gatte, Vormund) sind. Das ist zweifellos einer der merkwürdigsten Punkte dieser Moralreflexion: sie versucht nicht, ein Verhaltensfeld und einen Regelbereich – mit den nötigen Differenzierungen – für die beiden Geschlechter zu definieren; sie ist eine Ausarbeitung des männlichen Verhaltens vom Standpunkt der Männer aus und mit dem Ziel, ihrer Lebensführung Form zu geben."[111]

In dieser von Männern für Männer gemachten Moral gibt das Verhältnis des Mannes zu seinem Körper die Folie für alle zwischenmenschlichen Beziehungen ab. Foucault kennzeichnet die moralische Lebensführung im Bereich der Lüste als eine „Schlacht um die Macht"[112], als einen Zweikampf mit sich selbst mit dem Ziel der Selbstbeherrschung im Sinne der Errichtung einer „heaukratische(n) Struktur des Subjekts"[113]. Herr seiner selbst ist derjenige, der Macht über sich selbst hat, indem er seine Leidenschaften zu mäßigen versteht und demzufolge ein analoges Autoritätsverhältnis zu den ihm Untergebenen (Sklaven, Frauen, Kinder) herzustellen vermag. Die die Männlichkeit begründende Aktivität, nach Foucault festgemacht am „Ejakulationsschema" als Symbol für die Herrschaft des männlichen Modells[114], bedarf um ihrer selbst willen strenger Regulierung durch Selbsttechniken – Diätetik, Ökonomik und Erotik[115]

---

[111] Der Gebrauch der Lüste, 33.
[112] Ebenda, 88.
[113] Ebenda, 94.
[114] Ebenda, 166. „Das männliche Glied erscheint, wie man sieht, im Schnittpunkt all dieser Spiele der Beherrschung: Selbstbeherrschung, weil seine Forderungen uns zu verknechten drohen, wenn wir uns von ihm zwingen lassen; Überlegenheit über die Sexualpartner, weil mit ihnen die Penetration vollzogen wird; Vorrechte und Stand, weil es das ganze Feld der Verwandtschaft und der gesellschaftlichen Aktivität bedeutet" (Die Sorge um sich, 48).
[115] Foucault versteht unter einer „Diät der Lüste" die Lebenskunst der Ent-

–, mittels deren die Aufrechterhaltung der Macht sichergestellt werden soll. Durch die Einübung in diese Techniken bilden sich spezifische Tugenden heraus, die die männliche Überlegenheit aus dem Sieg über die eigene Natur rechtfertigen. „Die Tugend der Frau (hingegen) markierte und garantierte ein Unterwerfungsverhalten; die Strenge des Mannes charakterisierte eine Ethik der sich selbst begrenzenden Herrschaft."[116]

Obwohl es die griechische Herrenmoral ist, die Foucault untersucht, sind es die scheinbar übergeschichtlichen Strukturen eines patriarchalen Selbstverständnisses, die die von ihm zutage geförderten Elemente des antiken Diskurses über Sexualität so modern anmuten lassen. Auch wenn dann bei den Stoikern eine Tendenz zur Symmetrie des Geschlechterverhältnisses – zum mindesten in der ehelichen Gemeinschaft – festzustellen ist[117], bleibt dennoch das Herrschaftsparadigma das Modell, nach dem Einheit und

---

haltsamkeit, durch die eine Schwächung der Macht durch zu großen Verlust an kostbarem Samen verhindert werden soll (vgl. ebenda, 167 ff.). Die Kunst der Ökonomik schränkt um der Fortpflanzung willen die sexuellen Beziehungen auf die Ehefrau ein, denn nur ein Stamm ohne Bastarde kann „den Glanz einer vornehmen Geburt und die Kontinuität einer bis zu den Göttern reichenden Genealogie beanspruchen" (ebenda, 217). Die erotische Lebenskunst schließlich fordert um der Ehre des Knaben willen Mäßigung, weil dieser seiner selbst mächtig werden soll, was er jedoch nicht kann, wenn er in der erotischen Beziehung der „Unterlegene" ist – „immer vom Modell des Penetrationsaktes und von der Polarität zwischen Aktivität und Passivität aus gedacht": als Verhältnis zwischen Herrschendem und Beherrschtem (ebenda, 273). Der Knabe als Lustobjekt wird seiner Männlichkeit beraubt und „verweiblicht" (ebenda, 281).
[116] Ebenda, 232.
[117] „Die Kunst, verheiratet zu sein, bedeutet für die Gatten ... eine Art, als Paar zu leben und nur eins zu sein. Die Ehe verlangt einen gewissen Verhaltensstil, bei dem jeder der beiden Partner sein Leben als ein Leben zu zweit führt und beide zusammen eine gemeinsame Existenz bilden" (Die Sorge um sich, 209 f.) „Im Eheleben soll das Paar eine wirkliche ethische Einheit bilden" (ebenda, 212).

Gemeinschaft von Mann und Frau im Sinne eines geregelten Machtverhältnisses vorgestellt werden.

Was bei Foucault weitgehend im Verborgenen bleibt, ist seine Absicht. Scheinbar deskriptiv vorgehend, schildert er die Entstehungsgeschichte des Sexes aus einem Diskurs- und Machtsystem, das um seiner Selbsterhaltung willen bestimmte Verhaltensregulative in einer Moral kodifiziert, die den Körper als einen sexuell zu formenden zuallererst produziert. Dabei enthält sich Foucault einer kritischen Beurteilung der von ihm aufgedeckten Praktiken und des diese organisierenden Selbstverhältnisses, so wie er auch keine normativen Überlegungen bezüglich eines ‚angemesseneren' Selbstverständnisses anstellt. Einzig im Schlußkapitel von „Der Wille zum Wissen" deutet sich eine Stellungnahme an, wenn Foucault bemerkt, der Begriff „Sex" habe es möglich gemacht, „anatomische Elemente, biologische Funktionen, Verhaltensweisen, Empfindungen und Lüste in einer künstlichen Einheit zusammenzufassen und diese fiktive Einheit als ursächliches Prinzip, als allgegenwärtigen Sinn und allerorts zu entschlüsselndes Geheimnis funktionieren zu lassen: der Sex als einziger Signifikant und als universales Signifikat"[118]. Er fährt fort: „Gehen wir ab von der Vorstellung, daß der Sex eine autonome Instanz ist, die dann an ihrer Berührungsfläche mit der Macht auch noch die vielfältigen Effekte der Sexualität hervorbringt."[119] Unsere Identität finden wir nicht, wie es uns durch das historische Sexualitätsdispositiv suggeriert wird, über das Konstrukt Sex, von dem wir uns befreien müssen. Aber finden wir sie dort, wo Foucault sie vermutet, im Eros „vor" allen gesellschaftlichen Regulierungsstrategien?

---

[118] M. Foucault: Der Wille zum Wissen, 184.
[119] Ebenda, 185.

So hat denn Judith Butler gegen Foucault eingewendet, daß er den Begriff der Macht nicht mit dekonstruiert. „Für Foucault ist auch der befreite Eros immer schon kulturell strukturiert, mit einer Machtdynamik gesättigt, und produziert deshalb die gleichen politischen Dilemmata wie die repressive Kultur, deren Befreiung er bewerkstelligen sollte ... Seine Taktik, wenn man es so nennen will, besteht darin, nicht die Machtbeziehungen selbst zu überwinden, sondern deren verschiedene Konfigurationen zu vervielfältigen, damit das juridische Modell von Macht als Unterdrückung und Reglementierung nicht mehr hegemonial ist."[120] Es ist verständlich, daß Butler das Festhalten am Begriff der Macht als Konstituens von Sexualität ablehnt, denn Macht ist unabtrennbar vom männlichen Sexualitätsdispositiv, so daß die Aufklärung der Sexualmoral über ihre Herkunft aus bestimmten Machtverhältnissen allenfalls für die Männer eine befreiende Wirkung hat, sofern sie auf der Basis des durchschauten Zusammenhangs von Macht und Sexualität ein anderes Verhältnis zu sich selbst aufbauen können. Für die Frauen ist damit jedoch nichts gewonnen, da sie, solange der Faktor Macht ein Bestimmungsmoment von Sexualität bleibt, Weiblichkeit nach wie vor als negatives Ab- oder Gegenbild von Männlichkeit zu denken genötigt sind.

2.3.3 Dekomposition des Androzentrismus?

Wie sich im Durchgang durch Hauptetappen der traditionellen Ethik gezeigt hat, machte der Androzentrismus vom Ideal der ‚harten' Einheit des metaphysischen Essentialismus über den ‚weichen' Einheitsbegriff des antimetaphysi-

---

[120] J. Butler: Variationen zum Thema Sex und Geschlecht, a. a. O., 69. Vgl. auch J. Butler: Das Unbehagen der Geschlechter, a. a. O., 142 ff.

schen Existentialismus bis hin zu den postmodernen Versuchen einer Dissemination und Vervielfältigung von Einheit einen Wandel durch, der auch das Verständnis der (männlichen) Geschlechtsidentität nachhaltig veränderte. Es ist freilich eine offene Frage, ob nach Wegräumung der tradierten Diskursmechanismen auf dem frei gewordenen Feld mit Hilfe der neu konzipierten Vorstellungen von Einheit ein originäres Verständnis auch der weiblichen Geschlechtsidentität aufgebaut werden kann, ohne daß sich doch wieder binäre Oppositionen bilden und neue Herrschaftsstrukturen durchsetzen.

Jean-François Lyotard meint, daß man eigentlich aufhören müßte zu philosophieren, um die Frage nach dem Gegensatz von männlich und weiblich zum Verschwinden zu bringen, „denn dieser existiert als Gegensatz nur aufgrund der philosophischen (und politischen) Methode, d. h. infolge des männlichen Denkens"[121]. Er hebt „die große männliche Verbindung von Krieg und Sex" hervor, deren Gesetz beinhaltet, lieber zu sterben als zu leiden.[122] Abgesehen von der Anatomie bedeutet für Lyotard ‚männlich': ein bewußtes Verhältnis zum Tod zu haben und sich ihm mit imperialistischen Mitteln zu widersetzen.[123] Von daher be-

---

[121] J.-F. Lyotard: Ein Einsatz in den Kämpfen der Frauen, in: Aisthesis. Wahrnehmung heute oder Perspektiven einer anderen Ästhetik, Leipzig 1990, 142–156; zit. 143.
[122] Ebenda, 145, 150.
[123] In diesem Sinn kann auch eine Frau ‚männlich' sein, sofern sie die Angst zu sterben zu überwinden vermag: „wirklich zivilisierte Frauen sind Tote oder Männer" (ebenda, 144). Allerdings scheint es mir fraglich, ob man im Sinne Lyotards den Unterschied zwischen ‚männlich' und ‚weiblich' über das Verhältnis zum Tod so bestimmen kann, daß man sagt: „männlich ist ein Körper, der sterben kann ... weiblich derjenige, der nicht weiß, daß er verschwinden muß" (ebenda). Frauen haben ein anderes Verhältnis zum Sterben und zum Tod; ihr Wissen ist nicht am Paradigma des Schlachtfelds über die Assoziationen Kampf, Heldentum, Sieg und Untergang festgemacht, sondern entstammt der Erfahrung aus dem alltägli-

stimmt sich auch die Beziehung zum anderen Geschlecht: „das männliche christliche Abendland ehrt nicht die Frauen, sondern sein eigenes Reproduktionsvermögen, das im Schoß der Jungfrau angelegt ist und im Bauch der Mutter ausgebeutet wird." [124]

Lyotard warnt davor, den Geschlechtsunterschied durch wie auch immer geartete Homologisierungsversuche aus der Welt zu schaffen, weil auch diese nichts anderes als verkappte Formen von männlichem Imperialismus seien: die endgültige Vereinnahmung des Weiblichen durch die Einheitsschablone des Männlichen. Die Körper müßten sich vielmehr in ein „Puzzle von Potentialitäten", ein „Patchwork der affektiven, intensivierenden Elemente" auflösen [125] derart, daß die Unterschiede nicht mehr als starre Grenzen zwischen den Individuen, sondern quer über die Körperoberflächen verliefen. Dies setzt einen anderen Typus von Diskurs voraus: An die Stelle von Theorien und Hypothesen müssen Fiktionen treten, die zur Zerstörung der Metasprachen eingesetzt werden, vor allem der Sprache der Philosophie, die „immer schon die Sprache der abendländischen, insbesondere der griechischen Männlichkeit" ist. [126] Lyotard gibt Luce Irigaray recht, indem er bestreitet, daß es eine sinnkonstituierende metalinguistische Ordnung gebe, die nichts mit der Wirklichkeit als solcher zu tun hat. „Wenn ... der Frauenbewegung eine ungeheure Tragweite zukommt ... dann deshalb, weil sie den (männli-

---

chen Lebensbereich. Ihre Vorstellungen verbinden sich mit dem Geburtenrisiko, schweren Krankheiten und der Pflege alter Familienmitglieder. Sterben und Tod sind so gleichsam natürliche Phänomene, nicht aber die Folge einer äußersten Gewaltanwendung gegen Mitglieder der eigenen Spezies.
[124] Ebenda, 148.
[125] Ebenda, 150, 152.
[126] Ebenda, 153.

chen) Glauben an die Unabhängigkeit der Meta-Aussagen von gewöhnlichen Aussagen attackiert und zerstört."[127] Das stillschweigende Einverständnis von politischer Phallokratie und philosophischer Metasprache hat bisher einen Diskurs begünstigt, der die Sinnkonstitution von der Faktizität abtrennt und diese als lügnerisch behauptet. Zu diesem Bereich des Faktischen, dem im Namen einer überempirischen Welt die Wahrheit abgesprochen wurde, gehörten auch die Frauen. „Da die Frauen ... lügnerisch sind, entdecken sie, was die Herrschaft (der Männer) fortwährend verschwiegen hat und die größte Revolution des Abendlands sein wird: daß es keinen Signifikanten gibt; oder daß die Klasse aller Klassen selbst nur eine Klasse ist; oder daß wir Abendländer unsere ganze Raum-Zeit und unsere ganze Logik auf der Basis von Nichtzentralität, Nichtfinalität und Nichtwahrheit neu machen müssen."[128]

Aus dem kursorischen Überblick über Modelle einer androzentrischen Ethik erhellt, mit welchen Schwierigkeiten sich Wegbereiterinnen einer feministischen Ethik konfrontiert sehen. Die Frage, wie sie zu einem Begriff von Moral und einer die Einseitigkeit der traditionellen Moralphilosophie vermeidenden Ethik gelangen können, zwingt sie zu einer Passage, die ihre höchste Aufmerksamkeit fordert: Auf der einen Seite droht die Skylla des Logozentrismus sie zu verschlingen, wenn sie den Kampf mit den männlich präformierten Denkstrukturen und Handlungsmustern aufnehmen, um den Gegner auf dem Feld des Logos mit seinen eigenen Waffen zu schlagen. Die Gefahr, in den Verstrickungen androzentristischer Prinzipien doch nur deren Übermacht zu bestätigen, ist groß. Auf der anderen Seite

---

[127] Ebenda, 154.
[128] Ebenda, 155.

lauert die Charybdis einer Gynäkozentristik, die durch radikalen Ausschluß alles Männlichen den Spieß nur umdreht und damit den alten Machtdiskurs lediglich als weiblichen fortschreiben will, anstatt ihn von Grund auf neu zu schreiben. Es ist unruhiges Fahrwasser, durch das die feministischen Ethikerinnen ihr einstweilen noch provisorisches Schiffchen steuern müssen, den Blick fest auf das Ziel gerichtet: Entwurf eines identitätsstiftenden Konzepts von Einheit, das Zweiheit und Vielheit als bereichernde Faktoren veranschlagt, ohne die eine menschliche, geschlechtlich differenzierte Lebensform keine Integrität besitzt.

3. Ansätze einer feministischen Ethik

Die androzentristische Ethik der abendländischen Philosophie fundiert ihre Handlungs- und Normentheorien auf Prinzipien, hinter deren vorgeblicher Geschlechtsneutralität sich das männlich-metaphysische Ideal einer eingeschlechtlichen, aus sich selbst entspringenden und sich selbst fortzeugen wollenden Einheit verbirgt. Dieses genealogische Konstrukt von Einheit und darauf sich gründender Identität gilt es zu durchschauen, bevor neue, das weibliche Selbstverständnis originär zum Ausdruck bringende Existenz- und Lebensformen erfunden, schließlich erprobt werden können.

Es gibt noch keine vollständig ausgeführten, eigenständigen Theorien einer feministischen Ethik. Zu sehr sind die praxisbezogenen Überlegungen empörter Frauen noch in die kritische Auseinandersetzung mit traditionellen Systemen der Ethik verstrickt, die jedoch nötig ist, um durch argumentative Abgrenzung Distanz zu gewinnen und den Blick frei zu bekommen für ein Normen- und Wertgefüge, dessen handlungsbestimmende Kraft sich nicht mehr den Macht- und Herrschaftsansprüchen einer das Sinnliche und Individuelle unterdrückenden männlichen Vernunft verdankt, sondern einem integrativen Selbstverständnis entspringt, das die Vernunft in den Dienst des Individuell-Verschiedenen stellt und damit das Abstrakt-Allgemeine wieder an das Konkret-Besondere anbindet.

In den letzten zwanzig Jahren haben sich – insbesondere

auf den Feldern der Theologie, der Psychologie und der Philosophie – eine Reihe von Ansätzen einer feministischen Ethik herausgebildet, die ihrer Weiterentwicklung und Vervollständigung harren.

3.1 Das theologische Modell

Es verwundert kaum, daß Theologinnen zu den ersten gehörten, die den herrschenden theologischen Diskurs mit ihren kritischen Stimmen zu stören begannen, waren sie doch seit jeher nicht nur an diesem Diskurs nicht beteiligt, sondern auch aus den kirchlichen Ämtern ausgeschlossen. Als fromme und gottesfürchtige Schäfchen in der Kirche gern gesehen, hielt und hält man sie von der Hirtenrolle beharrlich und ausdauernd fern.

Wenn Gott die Menschen nach seinem Bilde geschaffen hat, dann ist nicht einzusehen, warum er, wenn er schon nicht als un- oder übergeschlechtliches Wesen gedacht wird, nicht ebensosehr als Frau wie als Mann vorgestellt werden kann. Nach typisch androzentristischer Manier der griechischen Metaphysiker wird der christliche Schöpfergott jedoch mit größter Selbstverständlichkeit im Sinne des genealogischen Prinzips als männliche Verkörperung des Ureinen, aus dem alles hervorgeht, aufgefaßt. Und ebenso selbstverständlich ist es ein Sohn, den dieser männliche Gott in der Vaterrolle zeugt. Der Gottessohn wiederum zeugt sich nicht leiblich fort, sondern umgibt sich mit Jüngern, in die er seinen Geist pflanzt. Feministische Theologinnen setzen daher vielfach mit ihrer Kritik bei der sexistischen Sprache ein, die in der religiösen Dimension an der Tagesordnung ist, und versuchen, gestützt auf eine durch keine orthodox-dogmatisch verfälschenden Vorurteile beirrte Bibellektüre, zu einem anderen Gottesbild zu gelangen, das die gesteigerten männlichen Potenzsehnsüchte durch weibliche Vorstellungen von Spiritualität und einer Muttergöttin ersetzen will, die im Schöpfungsakt die Welt als ein vielfältig differenziertes Wesen geboren hat und nicht als Schablone eines auf gegensatzlose Einheit dressierten Geistes.

Dorothee Sölle plädiert für das Gegenteil einer „Siegerchristologie": „Ein Gott, der nichts kann, als ein Supermann sein, bewegt sich auf dem Niveau der bisherigen von Männern beherrschten Kultur. All-wissend, all-gegenwärtig und all-mächtig wird dieser Gott genannt, mit den Attributen, die seine Herrschaft, sein Herr-Sein garantieren." Im Mittelpunkt ihrer Theologie dagegen steht der „gekreuzigte Jesus, der machtlos ist, der etwas gelebt hat, was ich für richtig halte, der keine Gewalt hat, jemanden zu zwingen, außer dieser Stärke der Liebe, der sich aller Macht entäußert und also ohnmächtige Liebe ist, ohne jeglichen Triumphalismus"[129].

3.1.1 Die Handlungsgemeinschaft der Schwestern

Die theologische feministische Ethik hat ihre Wurzeln in Amerika, wo zu Beginn der siebziger Jahre der Protest gegen ein patriarchal vereinnahmtes Christentum laut wurde und den Weg für eine radikale Befreiungstheologie eröffnete. Mary Daly hat hier als Pionierin gewirkt, indem sie die verkrusteten theologischen Denkschemata und Rituale einer vehementen Kritik unterzog, die das Ende der phallischen Moral ankündigte und die Schwesterschaft als Antikirche

---

[129] D. Sölle: Und ist noch nicht erschienen, was wir sein werden. Stationen feministischer Theologie, München 1987, 134, 157. Vgl. auch Phantasie und Gehorsam. Überlegungen zu einer künftigen christlichen Ethik, Stuttgart / Berlin 1978.

verkündete. In ihrem 1973 in Boston erschienenen Buch „Jenseits von Gottvater Sohn & Co."[130] geht es ihr um „das Ent-decken von neuen Energiemustern und das Freisetzen von mehr Gynergie" (XII), wobei sie mit Hilfe eigenwilliger Wortschöpfungen jene andere Realität zur Sprache zu bringen versucht, die in der Sprache der Väter entweder totgeschwiegen oder liquidiert wurde. „Worte-sprechen ist der Ausdruck Gestalt-wandelnder Kräfte, Bedeutungen und Rhythmen werden gewoben, Ur-Kräfte/Quellen werden freigesetzt. Webweiber befreien die Wörter aus den Zellen der konventionellen Bedeutungen und stellen sie so zusammen, daß sie wieder ihre ursprünglichen Bedeutungen vermitteln" (XVII). Worauf es Mary Daly bei ihren sprachreformerischen Bemühungen besonders ankommt, ist die Wiedergewinnung des dynamischen, aktivischen Charakters der Verben, durch die das Kosmisch-Prozeßhafte, das Werden auch als Konstituens einer fraubezogenen Integrität und Praxis zum Ausdruck gebracht werden soll. So beschreibt sie z. B. das Mensch*sein* als „be-ing at home on the road", als ständiges Unterwegssein, wohingegen sie für die Bezeichnung der Selbstentfaltung, des Selbstwerdens das Wort „becom-ing" vorzieht.

Mary Daly will nicht das Christentum als solches aus den Angeln heben – Jesus ist für sie ein Feminist (92) –, vielmehr geht es ihr um eine Destruktion der männlichen Symbole, die dem Sexismus der christlichen Sitten- und Gesellschaftslehre Vorschub leisten. „Denn mein Ziel ist es, aufzuzeigen, daß die Frauenrevolution, soweit sie ihren

---

[130] Der Originaltitel klingt weniger provokativ: Beyond God the Father: toward a philosophy of women's liberation. Die deutsche Ausgabe erschien 1980 in München; der Untertitel lautet: Aufbruch zu einer Philosophie der Frauenbefreiung. Der 5. Auflage von 1988 geht eine neue Einleitung voran, in welcher Mary Daly eine Bilanz zieht. Zitiert wird im folgenden nach dieser Ausgabe.

ureigensten Triebkräften folgt, eine ontologische, geistige Revolution ist, die über die Götzenverehrung der sexistischen Gesellschaft hinausweist und schöpferisches Handeln in und zur Transzendenz entzündet" (20). Mit der ihr eigenen, ebensosehr drastischen wie plastischen Sprache zieht Mary Daly gegen die „Machismo-Religion" (129) zu Felde, prangert deren „unheilige Trinität von Vergewaltigung, Völkermord und Krieg" an (143) und demaskiert die Ideologie der patriarchalen Sündenbockmentalität, auf die sich die christlichen Theologen in ihrer „supermaskulinen Arroganz" stützen, indem sie sich des Mythos vom Sündenfall bedienen, um alle Schuld auf die Frauen einerseits, andere Völker und Rassen andererseits zu projizieren, deren Unterdrückung bzw. Ausrottung gleichsam als hygienische Maßnahmen gerechtfertigt werden. Sie fragt provokativ, wessen Begierden es denn bei Licht besehen sein, die alle Dinge beschmutzen und die Einrichtung von Bordellen notwendig machen, damit das eheliche Privateigentum, die Tugend der ehrbaren Matronen, unbefleckt bleibt, mithin davor geschützt ist, „als Kloake für Männer herhalten" zu müssen, während die Prostituierten als deren sexuelles Sicherheitsventil fungieren (79). Des weiteren wirft sie dem obszönen metaphysischen Männlichkeitswahn vor, daß die „unersättliche Begierde der Männer nach weiblichem Blut" die Frauen ihrer Körper und ihres Geistes beraubt habe. „Wie Drakula lebte der in seiner Männlichkeit überzogene Mann von dem Blut der Frau. Vielleicht ist dies der Grund, warum die patriarchale Überlieferung einen solchen Hörror vor weiblichem Blut hat. Die Priester des Patriarchats haben den Leib gegessen und das Blut des Opferlamms in ihren Messen getrunken, aber sie wollten nie wissen, wer in Wirklichkeit das Opfer war, von dessen Blut sich ihr Parasitendasein nährte" (194). Die von Mary Daly als „Spiegel-Priester" bezeichneten Geistlichen bezichtigt sie der widerrechtlichen Aneignung von weiblichen Funktionen, die sie mittels der Sakramente ins Übernatürliche verkehrten und sich als eigene Kompetenz anmaßten. Die Macht der Geburt usurpierten sie als Taufe; die lebenswichtigen Aufgaben der Ernährung, Stärkung und Tröstung zogen sie durch die Heilige Kommunion, die Konfirmation und die Letzte Ölung an sich (217). Schließlich bemächtigten sie sich auch noch der Mutterrolle, diese „gesalbten männlichen Mütter, die natürlich Väter genannt wurden", über die Mary Daly ihren ganzen Spott ausgießt, indem sie deren „geistigen Transsexualismus" (218) als eine Form von Transvestitentum entlarvt.[131]

Vor diesem Hintergrund wird verständlich, daß Mary Daly anstelle einer Ethik der Besonnenheit eine Ethik des Mutes propagiert (17), denn ihre Methode der Befreiung beginnt mit einer Kastration des phallozentrischen Wertsystems (23), einer Entmannung des Systems, „das unser aller Großer Gott-Vater ist und das einer sinnlosen, universellen Vergewaltigungspolitik frönt" (24). Diese Ent-mannung Gottes ist freilich ein „Gottesmord" (26), der jedoch notwendig ist, um den Weg für ein neues Gottesverständnis freizumachen.

Es ist eine androgyne Integrität im Sinne „psychisch gan-

---

[131] „Um die offensichtliche Tatsache zu betonen, daß alle Frauen wesensmäßig disqualifiziert sind, dem Heiligen Männerklub beizutreten, machten die Spiegel-Priester es sich zur Regel, daß ihre Mitglieder Röcke tragen sollten. Um die Sache noch klarer zu machen, behielten sie sich besondere Gelegenheiten vor, an denen zusätzliche Männerklub-Gewänder getragen wurden. Zu solchen Ausrüstungen gehörten zarte weiße Spitzenüberwürfe und Modewaren von vorgeschriebener Form und Farbe. Die Führer mußten Seidenstrümpfe tragen, spitze Hüte, karmesinrote Kleider und Hermelincapes, um damit ihre Gleichgültigkeit gegenüber materiellen Dingen und ihre Hingabe an die Ausübung ihres geistlichen Amtes hervorzuheben" (218).

zer Menschen" (63)[132], die Mary Daly jenseits aller repressiven, hierarchisierenden und polarisierenden männlichen Denkmuster fordert. Um dieses Ziel zu erreichen, müssen Frauen erst einmal nein sagen: nein zum verkrüppelnden Ergänzungsprinzip, das sie dazu verurteilt, die Rolle des „ergänzenden Teils" zu spielen (40 f.); nein zur Sündenbockrolle, die sie zum Inbegriff des Bösen abstempelt (84); nein zur Opfermoral insgesamt, die ihr durch eine „feminine Ethik" auferlegt wird. Diese ist nämlich nichts anderes als eine Ausgeburt der phallischen Ethik, die den Frauen einen angeborenen moralischen Schwachsinn attestiert und ihre praktischen Fähigkeiten im Rahmen der ihnen durch diesen tragischen Mangel gesetzten Grenzen auf die passiven Normen der Selbstlosigkeit und der aufopfernden Liebe verpflichtet (120 f.).

Mary Daly benutzt Nietzsches im Zuge seiner Metaphysik-, Moral- und Religionskritik verwendete polemische Sprache – Gott ist tot; das Gegensatzpaar apollinisch-dionysisch; jenseits von Gut und Böse; Umwertung aller Werte –, um ihre Vorstellung der Heraufkunft einer durch die Revolte der Frauen ermöglichten neuen Ethik zu beschreiben. Die dionysische feministische Ethik setzt nicht mehr auf die „von ästhetischen, intuitiven und praktischen Geistesfunktionen" abgespaltene apollinische Vernunft (123) und deren sexistisches Kastensystem. Vielmehr entwickelt sie die zugleich kosmische und religiöse Vision einer neuen Schöpfung im Zu-sich-selbst-Finden der Frauen (87). „Von dieser Perspektive aus gesehen, sind der Antichrist und das

---

[132] Mary Daly hat später das Wort „androgyn" zur Bezeichnung eines ganzheitlichen Lebensmusters verworfen. „Das Wort ist ein Bastard – es vermittelt so etwas wie ‚John Travolta und Farrah Fawcett Major mit Tesafilm zusammengeklebt' –, wie ich in öffentlichen Widerrufungen immer wieder gesagt habe" (8).

Zweite Kommen der Frauen synonym. Das Zweite Kommen ist nicht eine Rückkehr Christi, sondern die Wiederkunft einer weiblichen Seinsform, die einmal stark und mächtig war, seit den Anfängen des Patriarchats aber in Ketten gelegt worden ist ... In dem Maße, wie er seinen ontologischen Grundlagen treu bleibt, lehnt es der Feminismus ab, wieder in ein stereotypes Symbol eingefangen zu werden. Er bedeutet die Befreiung der Frauen und Männer von dem sexistischen Ethos der Zweiteilung und Einteilung in Hierarchien, der uns alle zerstört. Weit davon entfernt, eine ‚Rückkehr' in die Vergangenheit zu sein, bedeutet er einen qualitativen Sprung in die psychische Androgynie" (116).

Mary Daly will Gott nicht mehr als Substantiv verstanden wissen, sondern als „Verb aller Verben" (49), das keinen Objektbezug hat und sich jeder Objektivierung entzieht (199). Die Dynamik dieses Verbs entfaltet sich in der zwanglosen Ich-Du-Beziehung, die die Schwesterschaft als Antikirche begründet. Schwesterschaft ist nicht einfach das weibliche Gegenstück zur Bruderschaft, sondern der Name für eine Gemeinschaft von ganzheitlichen (androgynen) Menschen, für einen Bund, in welchem jedes Mitglied, gleich welchen Geschlechts, voll und ganz es selbst werden kann. „Die allerheiligste und ganzheitliche Trinität: Macht, Gerechtigkeit und Liebe" (148) wurzelt auf der ontologischen Ebene in einer die Vielfältigkeit und Verschiedenartigkeit weder unterdrückenden noch diskriminierenden Einheit, in einer harmonischen Einheit, die die Mannigfaltigkeit des Individuellen und Besonderen als den fruchtbaren Schoß betrachtet, aus dem sich menschliches Sein und Handeln in der Gesamtheit des Weltalls speist. „Schwesterschaft als kosmischer Bund bedeutet, daß der Kosmos neu benannt wird" (180). Mary Daly spricht von einer „Kosmose" (193 ff.), die nötig sei, um eine alle Menschen und die Erde umschließende Ganzheit zu realisieren. „Das Gehirn, das von der rohen Kraft überschattet wird, besteht doch im wesentlichen nicht aus technischem Verstand, sondern aus ontologischer Vernunft, dem Bereich, wo Macht, Gerechtigkeit und Liebe sich in Harmonie begegnen. Der kosmische Bund ist die Entdeckung dieser Harmonie" (196).[133]

Mary Dalys ethischer Ansatz ist in seiner Radikalität durchaus Nietzsches Moralkritik vergleichbar, auch wenn sich beider Wege bei der Konzeption des neuen Menschen trennen. Das Christentum erniedrigt und versklavt die Individuen im Namen eines allmächtigen Gottes, der den Sieg des Geistes über die Sinnlichkeit gebietet und die Priester als seine Vollzugsgehilfen dazu autorisiert, die Gläubigen mittels moralischer Vorschriften, die den Willen Gottes ausdrücken sollen, daran zu hindern, ihre eigenen Wünsche und Interessen zu befriedigen. Für Mary Daly hat sich der theologische Unterdrückungsmechanismus noch dadurch verschärft, daß die Männer – als von den Priestern Bevormundete – das herrschaftliche Verhaltensmuster verinnerlicht haben und nun ihrerseits ihre körperliche Überlegenheit über die Frauen ausnutzen, um diese physisch und psychisch zu demütigen. Aus diesem Grund vertritt sie einen *radikalen* Feminismus in der ursprünglichen Bedeutung des Wortes: Da die Revolte der Frauen gegen ihr minderwertiges, halbiertes Menschsein vergeblich ist, solange das praktische Selbstverständnis von Männern im Gewaltmonopol verankert ist, muß man das Übel bei der *Wurzel*

---

[133] In ihren späteren Büchern „Gyn/Ökologie. Eine Meta-Ethik des radikalen Feminismus", München 1985, und „Reine Lust. Elemental-feministische Philosophie", München 1986, hat Mary Daly ihre Polemik gegen das „Sado-Ritual-Syndrom" des Patriarchats fortgesetzt und zugleich ihre Vorstellung von einer neuen, integrierten Lebensform im Einklang mit der Natur weiterentwickelt.

(lat. radix) packen und mit dem patriarchalen Gottesbegriff ausreißen. Das daraus resultierende Sinnvakuum haben Nietzsche wie Mary Daly durch eine Rückführung der Transzendenz in die Immanenz des individuellen Selbstverhältnisses aufzuheben versucht. Nur wer seiner selbst mächtig geworden ist und unabhängig vom Diktat eines fremden Willens, ist wahrhaft frei und vermag sein Handeln nach selbst gesetzten Normen und Wertvorstellungen zu bestimmen. Ein solches Individuum heißt bei Nietzsche Über-mensch, da es die christliche Anthropologie überwunden hat. Was Nietzsche jedoch nur den starken männlichen Individuen vorbehalten wissen wollte, das reklamiert Mary Daly auch für die Frauen: ein Handeln aus eigener, souveräner Sinnkompetenz. Dabei schließt ihr Konzept eines ganzheitlichen Menschen – über Nietzsches Vorstellung des Übermenschen als eines sich in der Einsamkeit verwirklichenden Subjekts hinausgehend – die kollektive Verbundenheit mit den Mitmenschen als Mitgliedern einer kosmischen Handlungsgemeinschaft wesentlich mit ein.

3.1.2 Spiritualität der Sinnlichkeit

Eine andere führende amerikanische Ethikerin auf dem Gebiet der Befreiungstheologie ist Beverly Wildung Harrison. Sie hat in ihrem Buch „Die neue Ethik der Frauen. Kraftvolle Beziehungen statt bloßen Gehorsams"[134] Grundlagen einer feministischen Moraltheologie erarbeitet, die auf dem Prinzip der Gegenseitigkeit beruht und eine Spiritualität der Sinnlichkeit fordert. An Mary Daly anknüpfend, be-

---

[134] Das Buch ist 1991 in Stuttgart erschienen und stellt eine gekürzte deutsche Fassung des 1985 in Boston publizierten Werks „Making the Connections. Essays in Feminist Social Ethics" dar.

tont auch sie, „daß ein feministischer Theismus keinen Platz für einen Gott hat, der als statisch und unveränderlich verstanden wird, daß von der Erfahrung der Frauen her das Heilige besser im Sinne von Prozeß und Bewegung gesehen wird" (12). Doch geht ihr Mary Dalys Vorstellung von Gott als Verb noch nicht weit genug; ihr liegt darüber hinaus daran, „die Bedeutung des menschlichen Kampfes um das Leben in unser Gottesverständnis zu integrieren. Es ist notwendig, die Metaphern für Gott der Kraft menschlicher Aktivität zu öffnen, sie nicht nur als radikale Kreativität, sondern auch als radikale moralische Kraft aufzuschließen" (ebd.). Indem sie das *Tun* gegenüber dem *Sein* auszeichnet und als das Forum humaner Freiheit hervorhebt, erinnert Beverly Harrison an die Macht der Frauen, die „auf authentische Weise menschlich ist" (13) – eine nichtautoritäre, „zärtliche" Macht (16), die vermittels der Tätigkeiten des Sorgens und Behütens das Leben zu bewahren trachtet und menschliche Würde und Gemeinschaft durch den Aufbau persönlicher Beziehungen zuallererst hervorbringt (15).

Die Kritik Beverly Harrisons an der christlichen Moraltheologie zielt auf das dualistische Denkmuster und die damit verbundene „körperlose Rationalität" (17), die eine „moralische Unsensibilität" gegenüber dem durch die Sinne angeeigneten Wissen bedingt. Auf der Folie der dualistischen Weltanschauung zerfällt im Rahmen einer „Logik des Entweder-Oder" (49) alles, was ist, und alles, was gilt, in Gegensätze, von denen jeweils der eine Pol als höherrangig bewertet wird, wohingegen der andere zur Minderwertigkeit und damit zum Unterzuordnenden, zu Unterwerfenden herabsinkt. „Der Dualismus der Geschlechter liefert auch ein Analogon für ererbte wertende Dualismen, die sich in der Sprache auf jeder Ebene widerspiegeln" (37). Der „maskulinistische" moraltheologische Diskurs hat sich nach Beverly Harrison die Strategie hierarchisierender, Machtungleichheit favorisierender Dualismen in besonderem Maß zu eigen gemacht, um die Trennung von Körper und Geist auf die Spitze zu treiben und gesellschaftliche Verhaltensmuster zu erzeugen, die die Vorherrschaft der Männer, vor allem der kirchlichen Würdenträger, sowie alles als männlich Ausgezeichnete zementieren.

Entsprechend polemisiert sie gegen Handlungsstrukturen und Normen, die auf Gehorsam fixiert sind, ja sie ruft geradezu auf zum Zorn als „Zeichen des Widerstands" (19) gegen einen ebensosehr sexistischen wie rassistischen Moralismus, der seine Legitimation aus dem Begriff eines Gottes herleitet, der alles Nichtgeistige verdammt und zu unterdrücken gebietet. „Die Aufgabe einer christlichen feministischen Ethik besteht darin, jede Moral des blinden Gehorsams zu untergraben und an ihre Stelle den Prozeß moralischer Reflexion von Menschen zu setzen, die achtungsvoll *miteinander* diskutieren" (66).

Damit hat Beverly Harrison ihr Modell eines auf Gegenseitigkeit und Wechselbezüglichkeit sich gründenden Moralverständnisses umrissen, dessen Prinzip des kommunikativen Miteinanders anstelle des autoritären Gegeneinanders sie als „Macht-in-Beziehung" charakterisiert (64). Ausgehend von der „tiefen, totalen Sozialität aller Dinge", die auch menschliches Leben als Maschen „eines riesigen kosmischen Netzes" erscheinen läßt (22), lehnt Beverly Harrison alle Formen von Transzendenz ab, die aufgrund dualistischer Denkschemata eine wechselseitige Beziehung zwischen Gott und den Menschen ausschließen. Für sie ist Jesus das Vorbild für eine radikale Liebe, die nur im zwischenmenschlichen Bereich spielt und im Kollektiven der Solidarität wurzelt (26f.). Echte christliche Liebe erweist sich auf dem Boden einer Ethik der Befreiung als konkretes Engagement und Einsatz für die Befriedigung der elementaren menschlichen Bedürfnisse. Dabei entsteht, getragen von einer durchaus weltlichen, die Vielfalt und Schönheit des Kosmos umgreifenden Spiritualität eine „authentische Religion" (208), deren Werte- und Normengerüst die Menschen nicht mehr durch destruktive Dualismen auseinanderreißt, sondern eine Beziehung zwischen den Gegensätzen stiftet, die beiden Polen Gerechtigkeit widerfahren läßt und damit eine ganzheitliche Selbstbewertung des Individuums wie des Kollektivs ermöglicht. „Die wahre Erfahrung von Transzendenz entsteht in der ekstatischen Kraft, die zwischen den Menschen entspringt, die sich in enger Beziehung zu Gott miteinander zu emanzipatorischer Praxis verbunden haben. In der gemeinsamen und konkreten Leidenschaft für die Gerechtigkeit ist Gott heute unter uns gegenwärtig." (215)

Die Stärke von Beverly Harrisons Argumentation für eine Ethik der Befreiung von institutionalisierten Zwangsmechanismen durch die die maskulinistische Moraltheologie[135] das Handeln zu regulieren strebt, zeigt sich in ihrer Polemik gegen die patriarchale Frauenverachtung und die Leibfeindlichkeit des Christentums, die sie an drei Beispielen demonstriert: Schwangerschaftsabbruch, Homosexualität und Alter.[136] Sie durchleuchtet die Abtreibungsdebatte im Hinblick auf die Vorurteile und dogmatischen Setzungen, die den Frauen von vornherein das Recht auf ihren Körper und auf selbstverantwortliche Kontrolle ihrer Fortpflanzungsfähigkeit absprechen. Das irrationale Postulat

---

[135] Harrison bezieht sich in ihrer kritischen Auseinandersetzung mit den führenden Vertretern der protestantischen Ethik auf Texte von Karl Barth, Reinhold Niebuhr und Rudolf Bultmann (vgl. 56 ff.).
[136] „Entscheidungsfreiheit bei Schwangerschaften. Ein Beispiel für feministische Sozialethik" (69–102); „Der Skandal der doppelten Moral. Frauenfeindlichkeit und Furcht vor Homosexualität" (105–133); „Wer nichts produziert, der ist nichts. Der Wert des älteren Menschen in den Augen der Gesellschaft" (137–162).

des Gebärzwangs macht blind für Überlegungen, wie zwischen dem Fötus in frühen Entwicklungsstadien und dem voll entfalteten Leben einer erwachsenen Frau vernünftig abgewogen werden kann. Besonders absurd mutet das in den Augen von Beverly Harrison eine moderne Form von Leibeigenschaft begründende Verbot der Abtreibung angesichts der Selbstverständlichkeit an, mit der Männer vielfältige Formen des Tötens von ihresgleichen in angeblich gerechten Kriegen oder aufgrund ideologischer Unverträglichkeiten legitimieren, von den Problemen einer explodierenden Weltbevölkerung ganz abgesehen. Anstatt fanatisch gegen die Abtreibung zu Felde zu ziehen, schlägt sie vor, alles daranzusetzen, die Zahl der Abtreibungen dadurch zu verringern, daß ungewollte Schwangerschaften durch bessere Aufklärung über die Sexualität und durch Anprangerung der von Männern ausgeübten sexuellen Gewalt gegen Frauen reduziert werden.

Ebenso scharf kritisiert Beverly Harrison die von den Kirchen verordnete Zwangsheterosexualität, die als einzige Ausnahmen nur die Asexualität oder den Zölibat zuläßt. Ihrer Interpretation zufolge ist es das Stigma der Frauen, das auf Homosexuelle projiziert wird, da sie nach dem gleichen dualistischen Schema als Unterlegene gesehen werden. „Homoerotische Männer werden als gescheiterte Männer empfunden, die nicht besser als Frauen sind" (113). Sie entsprechen nicht den Normen wahrer, aktiver Männlichkeit und ‚natürlicher' Sexualität, so daß der ganze Haß, der sich in einer verklemmten Körperbeziehung aufgestaut hat, denjenigen gilt, die es wagen, von den ‚normalen' Praktiken abzuweichen und damit das hierarchisierende Modell als Regulativ zwischenmenschlicher Beziehungen in Frage zu stellen. Die Feminisierung der Homosexuellen ist demnach eine Strategie, das sexuell Abweichende doch wieder unter die Botmäßigkeit des allem Körperlichen überlegenen Geistigen zu zwingen und die alten Machtverhältnisse durchzusetzen. Beverly Harrison problematisiert auch hier das dualistische Wertmuster und setzt der christlichen Sexualethik ihre Vorstellung einer Spiritualität der Sinnlichkeit entgegen, der gemäß wir über die Sinne mit den Dingen verbunden sind. „Unsere Sexualität verkörpert unsere intensivste Wechselbeziehung mit der Welt" (128 f.). Sie fordert daher eine „ganzheitliche Annäherung an die Sexualität, die frei ist von dem Dualismus zwischen Körper und Geist" (130). An die Stelle des Paradigmas von Herrschaft, Gewalt und Besitz soll gegenseitige Achtung treten, die den anderen in seinem Selbstsein respektiert.

Wie groß unsere Unfähigkeit geworden ist, „in dieser Welt Vielfalt und Unterschied zu tolerieren" (120), läßt auch das letzte Beispiel Beverly Harrisons erkennen: die Altersfeindlichkeit, die aus einer Verabsolutierung des die kulturellen und moralischen Werte verleugnenden gesellschaftlichen Produktivsystems resultiert, für das einzig der Profit zählt. Auch hierin bringt sich wieder die einseitige Dominanz einer den Körper ablehnenden Antisinnlichkeit im Verbund mit ökonomischer Rationalität zur Geltung.[137] Der Wert eines Menschen bemißt sich nach seiner Fähigkeit, Geld zu verdienen; insofern alte Menschen unter dieser Perspektive weitgehend nutzlos sind, werden sie sozial und sexuell entrechtet, wogegen Beverly Harrison noch einmal ihr Prinzip der nichtdualistischen, herrschaftsfreien

---

[137] Dorothee Sölle spricht in diesem Zusammenhang von einer „Reduktion des Menschen auf einen gestaltlosen und gestaltungsunfähigen Kopffüßler", der aufgrund seiner Körperfeindschaft zum „emotionalen Analphabeten" geworden sei (Und ist noch nicht erschienen, was wir sein werden, a. a. O., 70, 96). Unsere Kultur des „technokratischen Machismo" (98) betrachtet den Leib wie eine Maschine, die gefüttert und geölt werden muß, und wenn er nichts mehr taugt, taugt der ganze Mensch zu nichts mehr.

Wechselbeziehung ins Feld führt, das auf der Ebene des persönlichen, individuellen Körper-Geist-Verhältnisses die Bejahung der Sinnlichkeit und damit auch der natürlichen Endlichkeit mit einschließt und im gesellschaftlichen Bereich die Achtung der Freiheit der Mitmenschen, inklusive der Verschiedenheiten und Andersartigkeiten, zum Fundament aller Interaktionen macht.

Was bei den feministischen Kritikerinnen der Theologie auffällt, ist, daß sie keineswegs für einen Atheismus plädieren. Sie halten ganz im Gegenteil daran fest, daß die Frage nach dem Sinn menschlichen Handelns ohne eine Bezugnahme auf Gott nicht beantwortbar ist. Im Zuge ihrer sprachreformerischen Bemühungen ändert sich jedoch das traditionelle Gottesbild. Es wird gleichsam entsubstantialisiert, seiner bedrohlichen Übermacht entkleidet und aus der unerreichbaren Ferne eines überirdischen Jenseits ins Diesseits transponiert. Weit davon entfernt, den Gott in eine Göttin und die gesellschaftlichen Machtverhältnisse vom Patriarchat in ein Matriarchat umzuwandeln, unter Beibehaltung der repressiven Strukturen, wollen Mary Daly und Beverly Harrison über ihren Gottesbegriff ein ganz anderes Verständnis von Sinngebung aufbauen, indem sie ihrem Welt- und Menschenbild eine Vorstellung von Einheit zugrunde legen, die das Differente, Gegensätzliche, Viele nicht als redundant auffaßt und deshalb einem strengen, hierarchisierenden Regelsystem unterwirft, sondern als Bereicherung empfindet. Anstatt alles, was den Charakter des Nichteinen hat, unter das Joch eines dem männlichen Herrschaftsanspruch genügenden Einheitsbegriffs zu zwingen, erheben die Vertreterinnen einer Befreiungstheologie die Kategorie der Beziehung zum einheitsstiftenden Maß. Wie verschieden, entgegengesetzt, vielfältig und andersartig etwas auch immer sein mag, nichts ist so entlegen oder abgesondert, daß man sich nicht dazu ins Verhältnis setzen und es auf diese Weise – sei es theoretisch, sei es praktisch oder ästhetisch – in ein Beziehungsnetz integrieren könnte. Dieses Beziehungsnetz bildet eine bewegliche, durch stetes Sichverhalten immer wieder zu erneuernde Einheit, die an die Stelle eines rigiden Ausschluß- und Disziplinarverfahrens ein Gerechtigkeitsprinzip setzt, das dem jeweils „Anderen" ein Recht auf sein Anderssein zugesteht. Dies gilt in ganz besonderem Maß für das zwischenmenschliche Beziehungsnetz, das von der Gegenseitigkeit des engagierten Sichverhaltens lebt. Gott ist nichts anderes als die Qualität dieses Sichverhaltens; er existiert nur in der wechselseitigen Anerkennung von Freiheit, und ohne diese oder außerhalb dieser gibt es keinen Gott. Im Horizont dieses kollektiven, intersubjektiv zu pflegenden und immer wieder neu aufzubauenden Gottesverhältnisses, das die Menschen zu einer Menschheit vereint, wird auch den Frauen und ihren Handlungen die ihnen gebührende moralische Dignität zurückerstattet.

3.2 Das entwicklungspsychologische Modell

Neben der Moraltheologie wurden andere, ebenfalls dem dualistischen Denkansatz verhaftete Geisteswissenschaften bezüglich ihrer hierarchisierenden, Frauen auf einen bestimmten (als niedrig eingestuften) Typus moralischen Handelns festlegenden ethischen Theoreme von feministischer Seite vehement kritisiert. Wie Mary Daly und Beverley Harrison gegen Karl Barth als Repräsentanten einer orthodoxen, dogmatischen Machismo-Theologie zu Felde zogen, so hat sich Luce Irigaray mit Sigmund Freud und seinen auf dem Gebiet der Psychoanalyse vielfach kanonisch gewordenen androzentristischen Ausführungen über die

Geschlechterdifferenz angelegt.[138] Carol Gilligan, eine amerikanische Psychologin, die bei Erik Erikson in die Schule gegangen ist, hat die Entwicklungspsychologie aufs Korn genommen, indem sie das von den führenden Vertretern dieser Richtung, Jean Piaget und Lawrence Kohlberg, konzipierte Stufenmodell der moralischen Entwicklung untersuchte und dabei feststellte, daß die als universal gültig ausgegebenen Ergebnisse von Piagets und Kohlbergs Analysen sich auf Erfahrungen von ausschließlich männlichen Testpersonen stützen, deren Auswertung wiederum nur von Männern vorgenommen wurde. Aufgrund ihrer auf moralische Konfliktsituationen bezogenen Tests, die Carol Gilligan mit männlichen und weiblichen Probanden durchführte, fand sie heraus, daß Frauen keineswegs in puncto Moral von einem bestimmten Alter an hinter den Männern zurückbleiben, sondern aufgrund ihrer anders definierten sozialen Rolle ein anderes Verständnis von Moral entwickeln, dessen Logik nicht weniger konsistent ist als die der von Männern favorisierten Moralvorstellung. In ihrem 1982 veröffentlichten Buch „In a Different Voice"[139] plädiert sie für zwei gleichberechtigte unterschiedliche Moralauffassungen: eine männliche Gerechtigkeitsmoral und eine weibliche Fürsorgemoral als einander ergänzende Formen von normativer Handlungsorientierung.

---

[138] Vgl. Kapitel 1.2.
[139] Das Werk erschien bei Harvard University Press, Cambridge/Mass. Die deutsche Übersetzung kam München 1984 unter dem Titel „Die andere Stimme. Lebenskonflikte und Moral der Frau" heraus und erlebte 1990 die vierte Auflage. Im folgenden werden Zitate aus diesem Buch mit dem Kürzel AS angeführt, während unter dem Kürzel MO auf die Abhandlung „Moralische Orientierung und moralische Entwicklung" (in: Weibliche Moral, a. a. O., 79–100) Bezug genommen wird, in welcher Carol Gilligan das von ihr vorgeschlagene alternative Entwicklungsmodell knapp umreißt.

3.2.1 Die Perspektivität moralischer Sichtweisen

Carol Gilligan knüpft an die Verschiedenheit der Wahrnehmung mehrdeutiger Figuren an, um ihre These von der Perspektivität moralischer Beurteilungen des gleichen Sachverhalts zu erläutern. Betrachtet man z. B. den Hase-Ente-Kopf, so nimmt man beide Köpfe nie zusammen, sondern stets nur nacheinander wahr, wenn überhaupt die andere Figur entdeckt wird.

Gewisse Präferenzen und Lebensgewohnheiten begünstigen dabei die eine oder die andere Wahrnehmung. Während ein Kaninchenzüchter auf Anhieb den Hasen sieht, sieht der Geflügelhändler die Ente. Für den Jäger geben vielleicht seine Schießkünste oder Geschmacksvorzüge den Ausschlag. Worauf es Carol Gilligan ankommt, ist die Schlußfolgerung aus der unterschiedlichen visuellen Auffassung von Realität, die nicht impliziere, „daß eine Blickweise besser ist oder eine höhere Form der Wahrnehmungsorganisation darstellt" (MO, 79). Wir neigen dazu, „die Realität als unzweideutig wahrzunehmen" (ebd.), sind jedoch nicht berechtigt, die unterschiedlichen Sichtweisen in einer Hierarchie von besserer oder schlechterer Wahrnehmung einander über- und unterzuordnen, geschweige denn eine bestimmte Sichweise zu verabsolutieren.

Genau dies geschieht aber im Bereich der Moral, wo die Gerechtigkeitsperspektive als der im Hinblick auf Konfliktlösungen gegenüber der Fürsorgeperspektive überlegene

Standpunkt ausgezeichnet wird. Der Grund dafür liegt nach Carol Gilligan darin, daß Männer in moralischen Angelegenheiten in der Regel das Prinzip autonomer Individualität bevorzugen und entsprechend das von den meisten Frauen befolgte Prinzip der Rücksichtnahme auf andere als schwächer, wenn nicht gar als unmännlich einschätzen. Dieses Vorurteil finden die Entwicklungspsychologen fast im Sinne einer self fulfilling prophecy in ihren empirischen Erhebungen bestätigt, weil sie einerseits in ihren Interviewtechniken den Fraberaster bereits von vornherein auf ihr eigenes, an Gerechtigkeitsfragen ausgerichtetes Verstehensmuster zuschneiden und andererseits entweder nur männliche Probanden befragen oder von den Antworten der weiblichen Probanden nur das zur Kenntnis nehmen, was in den Bezugsrahmen paßt. „Während in Piagets Darstellung ... der moralischen Urteilsfähigkeit des Kindes die Mädchen eine Fußnote bilden – eine Kuriosität, der er vier kurze Bemerkungen in einem Index gönnt, in dem ‚Jungen' überhaupt nicht vorkommen, weil ‚das Kind' automatisch ein Knabe ist –, existieren in den Forschungen, von denen Kohlberg seine Theorie ableitet, die Frauen von vornherein nicht" (AS, 28 f.).

Was Carol Gilligan bemängelt, ist die Selbstverständlichkeit, mit welcher Psychologen die moralische Entwicklung von Jungen und Männern verallgemeinern und als die von Kindern und Menschen ausgeben, wobei sich dann nachträglich herausstellt, daß die andere Hälfte der Menschheit bedauerlicherweise weit hinter der Norm zurückbleibt. So rekonstruiert Kohlberg die Genese der moralischen Urteilskompetenz als einen Prozeß, der über sechs Stufen verläuft.[140] Auf der präkonventionellen Stufe I verstehen

---

[140] Im folgenden beziehe ich mich auf L. Kohlberg: The Philosophy of Moral Development, San Francisco 1981.

Kinder unter Gerechtigkeit den Gehorsam, den die Schwächeren den Stärkeren schulden, d. h. sie sind noch nicht fähig, Gerechtigkeit als Austausch auf der Basis von Gegenseitigkeit und Gleichheit zu praktizieren (vgl. 147 f.). Dazu sind sie auf der präkonventionellen Stufe II imstande, allerdings in einem naiv-instrumentellen Sinn von Gerechtigkeit und Fairneß, demzufolge ein Kind sich im Positiven wie im Negativen exakt reziprok verhält: Wenn du mich schlägst, darf ich mich rächen und zurückschlagen (148). Auf der konventionellen Stufe III vermögen Jugendliche sich in eine andere Person hineinzuversetzen und deren Rolle zu übernehmen, allerdings noch ohne die damit verbundenen Rechte und Pflichten als Teil der Gesellschaftsordnung zu durchschauen. Immerhin hat sich bereits die Einsicht eingestellt, daß Vergebung besser sein kann als Rache. Auf der konventionellen Stufe IV, auf der sich nach Kohlberg die überwiegende Mehrheit der Erwachsenen befindet, herrschen die Prinzipien von „law and order". Gerechtigkeit wird als Gegenseitigkeitsbeziehung von Rechten und Pflichten im Rahmen des sozialen Systems aufgefaßt, das den Austausch nach Maßgabe der Gleichheit aller vor dem Gesetz regelt (151). Auf der postkonventionellen Stufe V siedelt Kohlberg Individuen an, die im Sinne des Regelutilitarismus die Gesellschaftsordnung durch eine legalistische Vertragsorientierung auf das Nutzenprinzip gründen wollen. Dabei bildet nicht mehr die Binnenmoral der eigenen Gesellschaft das normative Gerüst des Handelns, sondern es sind nun die Menschenrechte, deren universale Gültigkeit sich in der Freiheit, Verträge zu schließen, artikuliert (153). Auf der höchsten postkonventionellen Stufe VI schließlich hat das Individuum auf der Endstufe der Gerechtigkeit seine volle moralische Urteilskompetenz erreicht, insofern es sich dem Prinzip der Autonomie verpflichtet weiß und allen Personen einen Selbstwert zuschreibt, dem gemäß jeder Mensch als Zweck an sich selbst zu behandeln ist (163).

Carol Gilligan konstatiert, daß nach Meinung der Entwicklungspsychologen die moralische Urteilskompetenz von Frauen selten über die dritte Stufe des Kohlbergschen Modells hinausgelangt, da die Beschränkung ihres Aktionsfeldes auf Haushalt und Kindererziehung sie auf das Stadium des Helfens bzw. Für-andere-Sorgens festlege und ihnen den Aufstieg zum autonomen Gerechtigkeitsverständnis verwehre. Gilligans Strategie besteht nun darin, den Nachweis zu erbringen, daß die moralische Entwicklung von Frauen keineswegs defizitär ist, weil sie angeblich hinter der der Männer zurückbleibt, sondern daß sie ihre eigene moralische Logik und Qualität hat. Das die konkreten zwischenmenschlichen Beziehungen ins Zentrum rückende Prinzip der Fürsorge als minderwerig zu deklarieren und diejenigen, die es ihren praktischen Urteilen als Maßstab zugrunde legen, der moralischen Unreife zu bezichtigen, liefe auf eine ähnliche Verabsolutierung spezifischer Sehgewohnheiten hinaus, wie wenn in bezug auf die Hase-Ente-Figur verlangt würde, man solle nur den Hasen ins Visier nehmen und die Ente wegen ihrer Belanglosigkeit ignorieren. „Die vermeintliche Neutralität der Wissenschaft wie auch der Sprache selbst wird zunehmend durch die Erkenntnis in Frage gestellt, daß die Kategorien des Wissens menschliche Konstrukte sind." Mittlerweile beginnt uns zu dämmern, „wie sehr wir uns daran gewöhnt haben, das Leben durch die Augen des Mannes zu sehen" (AS, 14).

Wenn man einmal davon ausgeht, daß es (mindestens) zwei gleichberechtigte moralische Perspektiven gibt, aus denen Handlungs- und Normenkonflikte verschieden beurteilt werden, dann werden alle Testergebnisse hinfällig, die die moralische Reife von Mädchen und Frauen an einer aus dem männlichen Regelverständnis eruierten Wertskala ablesen. Carol Gilligan hat im Verlauf ihres Studiums bei der Auswertung des aus Interviews gewonnenen Testmaterials die von ihren Kollegen überhörte „andere Stimme" vernommen, soweit sie sich überhaupt zu Gehör bringen durfte. Im Zuge ihrer eigenen empirischen Untersuchungen hat sie dann ihren Blick gleichsam weg vom Hasen auf die Ente konzentriert und die weiblichen Beurteilungen moralischer Probleme analysiert. Dabei fiel ihr auf, daß Frauen überwiegend aus der „Fürsorgeperspektive" und weniger aus der „Gerechtigkeitsperspektive" urteilen.[141] „Mit dem Wechsel der Perspektive von Gerechtigkeit zu Fürsorge verändert sich die Dimension, in der Beziehungen organisiert werden, von Ungleichheit/Gleichheit zu Bindung/Trennung... Beziehungen vorrangig in Begriffen von Bindung zu entwerfen (statt in Begriffen von Gleichheit) verändert die Art und Weise, wie man das Miteinander von Menschen begreift, so daß die Bilder oder Metaphern für Beziehungen nicht mehr Hierarchie oder Gleichgewicht, sondern Netzwerk oder Gewebe hervorheben" (MO, 84). Dieses Bild des Netzes oder Gewebes veranschaulicht sehr schön die fundamentale Dimension des Zwischenmenschlichen, Intersubjektiven, die als solche nicht objektivierbar ist, da sie in nichts anderem als im wechselbezüglichen Sichverhalten von Subjekten besteht.

---

[141] Ein beliebtes Beispiel für einen moralischen Konflikt, das in Kohlbergs Interviews zur Beurteilung der moralischen Reife von Elfjährigen herangezogen wird, ist das sogenannte „Heinz-Dilemma". Heinz befindet sich in einer Notlage. Seine schwerkranke Frau benötigt ein teures Medikament, das Heinz sich nicht leisten kann. Da der Apotheker sich weigert, den Preis zu senken, überlegt Heinz, ob er das Medikament stehlen darf/soll/muß, um seine Frau vor dem Tod zu retten. Die von den Kindern in ihren Antworten verfolgten Argumentationsstrategien reichen von einer rational aufgebauten Logik der Werte (Leben, Geld, Eigentum) bis hin zu einer auf Kommunikation setzenden Logik der Beziehung (vgl. AS, 39 ff.).

Denkt man das Netz weg, so bleiben als gleichsam unbezügliche Substanzen die autonomen Individuen übrig, die sich vorgängig von einem abstrakten Standpunkt der Gerechtigkeit aus als Gleiche anerkannt haben.

Carol Gilligan will die beiden moralischen Perspektiven nicht gegeneinander ausspielen, um nach langer Dominanz des Gerechtigkeitsprinzips nun dem weiblichen Prinzip der Fürsorge ein Übergewicht zu verschaffen. Vielmehr handelt es sich aus ihrer Sicht um einander ergänzende, für die Handlungsorientierung gleich notwendige moralische Maßstäbe. Aufgrund ihrer einseitigen Betrachtungsweise haben Männer „Schwierigkeiten mit Beziehungen, während Frauen Probleme mit ihrer Individuation haben" (AS, 17). Dadurch sind Mißverständnisse vorprogrammiert, weil z. B. Phänomene wie Gewalt und Aggression, die aus der Sicht von Frauen abgelehnt werden, weil sie Bindungen verhindern oder gar zerstören, aus der Sicht von Männern jedoch als zur Durchsetzung des Gerechten unvermeidlich empfunden werden. So werfen die einen den anderen sinnlose Brutalität, die anderen den einen Naivität und Furcht vor Gefahren vor.

Am Beispiel des Schwangerschaftsabbruchs macht Carol Gilligan deutlich, daß die Debatte nicht zuletzt aus dem Grund so verhärtet ist, weil Männer aus der Gerechtigkeitsperspektive die Rechte des Fötus gegen die der Schwangeren abwägen und unter Absehung von Fürsorgegesichtspunkten dem Recht des einen oder der anderen ein höheres Gewicht beimessen; Frauen hingegen reflektieren das Dilemma primär unter dem Aspekt der Fürsorge, der die Frage der Verantwortlichkeit bzw. Verantwortungslosigkeit in bezug auf Abtreibung in den Vordergrund rückt (vgl. MO, 87 f.). Entscheidend für Carol Gilligan ist die Bereitschaft auf beiden Seiten, die im Licht des jeweils anderen Prinzips vorgebrachten Argumente nicht von vornherein als moralisch minderwertig abzuqualifizieren, sondern in moralischen Diskursen als nicht weniger gut begründet anzuerkennen und gemeinsam nach verträglichen Lösungen zu suchen, zumal es durchaus auch Männer gibt, die das Fürsorgeprinzip vertreten, so wie auch manche Frauen sich dem Gerechtigkeitsprinzip verpflichtet fühlen.

Die Frage, woher es kommt, daß Männer mehr zur Gerechtigkeit und Frauen mehr zur Fürsorge als Maßstab für ihre moralischen Urteile und Handlungen neigen, klammert Carol Gilligan aus ihren eigenen Überlegungen aus. Sie bezieht sich auf Arbeiten von Lev Vigotsky und Nancy Chodorow (MO, 92 ff.)[142], die auf die frühkindliche Phase der Abhängigkeit und Ohnmacht hinweisen, in welcher Kinder die Erfahrung der Ungleichheit machen und lernen, wie wichtig für ihren Schutz und ihr Überleben die Bindung an Erwachsene ist. Zugleich wächst aber auch das Bedürfnis nach mehr Selbständigkeit und Macht, das bei Jungen im Zusammenhang der Herausbildung ihrer Geschlechtsidentität mit einer Loslösung von der Mutter und dem durch sie repräsentierten Prinzip der Fürsorge verbunden ist, wohingegen Mädchen in Antizipation der Mutterrolle eben dieses Prinzip internalisieren. Obwohl also auch die Jungen den Wert von fürsorglichen Beziehungen am eigenen Leib erfahren haben, orientieren sie sich später aufgrund ihrer anatomischen Zugehörigkeit zum männlichen Geschlecht am väterlichen Verhaltensmuster und ziehen das unparteiliche Gerechtigkeitsprinzip vor, weil sie mütterliches (und damit weibliches) Verhalten mehr oder weniger verächtlich mit Selbst-losigkeit, Selbst-aufopferung,

---

[142] L. Vigotsky: Mind in Society, Cambridge/Mass. 1987; N. Chodorow: The Reproduction of Mothering: Psychoanalysis and the Sociology of Gender, Berkeley/Calif. 1978 (dt.: Das Erbe der Mütter. Psychoanalyse und Soziologie der Mütterlichkeit, München 1985).

Parteilichkeit und Gefühlen assoziieren, was ihrer Wunschvorstellung von Unabhängigkeit und Individualität widerspricht.

Ohne auf die naheliegende Frage einzugehen, wie eine Erziehung vonstatten gehen müßte, die einer geschlechtsspezifischen Trennung der beiden Moralperspektiven entgegensteuert und deren Gleichwertigkeit im kindlichen Bewußtsein verankert, betont Carol Gilligan noch einmal, „daß die unterschiedlichen Orientierungen weder Gegensätze noch Spiegelbilder oder bessere und schlechtere Verkörperungen einer einzigen moralischen Wahrheit sind. Die Begriffe der einen Perspektive enthalten nicht die Begriffe der anderen" (MO, 96). Allerdings zeigt sie keinen Weg, wie im Konfliktfall ein Konsens zwischen den unterschiedlichen Standpunkten erzielt werden kann, wenn jeder gemäß seiner Binnenlogik moralisch gerechtfertigt werden kann. Der Hase ist nun einmal nicht auf die Ente reduzierbar und umgekehrt. Was also macht ihre Einheit aus, und wie ist sie herstellbar?

Für Carol Gilligan kommt alles darauf an, die Grenzen der eigenen Perspektive zu erkennen und damit einer unzulässigen Verengung und Einseitigkeit bei moralischen Urteilen entgegenzuwirken. „Das Fehlerrisiko bei Gerechtigkeitsurteilen besteht in deren latentem Egozentrismus, in der Neigung, die eigene Perspektive mit einem objektiven Standpunkt oder der Wahrheit zu verwechseln, sowie in der Versuchung, andere auf die eigenen Kriterien festzulegen, indem man sich selbst an ihre Stelle setzt. Das Fehlerrisiko bei Fürsorgeurteilen besteht in der Neigung, zu vergessen, daß man eigene Kriterien hat, und sich so weit auf die Perspektive des anderen einzulassen, daß man sich selbst als ‚selbstlos' begreift und sich nach den Kriterien anderer definiert" (MO, 97). Es gilt somit zu lernen, den Blick auch auf die jeweils andere Moralperspektive zu fokussieren, um einerseits das (männliche) Vorurteil auszuräumen, zwischenmenschliche Beziehungen seien ein Hindernis für Autonomie und Unabhängigkeit, und andererseits dem (weiblichen) Vorurteil zu begegnen, das Streben nach Autonomie führe automatisch zu Isolation und Brutalität.

3.2.2 Weibliche Moral?

Carol Gilligans Untersuchungen haben eine breite Kontroverse ausgelöst. Zwar teilen viele Autorinnen Gilligans Unbehagen an den Normen- und Wertehierarchien, die sich auf ein rigoroses Regel- bzw. Prinzipienverständnis stützen, aber es werden eine Reihe von Bedenken angemeldet, die zum einen die Vernachlässigung des Normativen in der Analyse der beiden Moralperspektiven betreffen und zum anderen die Validität der empirischen Ergebnisse in Frage stellen.

Carol C. Gould lehnt die Entweder-Oder-Dichotomie, die Carol Gilligans Differenzierung zwischen Gerechtigkeits- und Fürsorgeprinzip zugrunde liegt, ab mit der Begründung, daß damit wieder nur das Erbe der männlich dominierten Philosophie zum Tragen komme und der Unterschied zwischen Männlich und Weiblich weiter zementiert werde, insofern der Anschein erweckt würde, die Unterschiedlichkeit der beiden Perspektiven sei biologisch, also durch die Natur bedingt und nicht historisch bzw. sozial.[143] Weiterhin betont sie, daß es unter normativem Gesichtspunkt darum gehen müsse, die beiden getrennten Stimmen der Moral synthetisch oder integrativ zu vereinen. „Die Fürsorgeperspektive lenkt die Aufmerksamkeit

---

[143] C. C. Gould: Philosophical Dichotomies and Feminist Thought: Towards a Critical Feminism, in: Feministische Philosophie, hg. v. Herta Nagl-Docekal, a. a. O., 84–190; zit. 185, 188.

richtig auf die moralische Bedeutung, die dem Verstehen des Einzigartigen und des Verschiedenen zukommt. Ich glaube jedoch nicht, daß das, was im Bereich der Ethik richtig ist, auch im Bereich der politischen Philosophie gilt. Denn für die Politik, insbesondere die Sozialpolitik, ist es wesentlich, alle Betroffenen gleich oder unparteiisch zu behandeln. Gerechtigkeit kann durch Gnade gemildert werden, aber nicht durch besondere Privilegien oder Gunsterweisungen. Im Hinblick auf die menschlichen Grundrechte und die Verteilungsgerechtigkeit ist Gleichheit ebenfalls ganz klar eine Vorbedingung für eine gute Sozietät. Obwohl die Anerkennung individueller Bedürfnisse und Unterschiede in der politischen Theorie eine wichtige Rolle spielt, muß sie sich auf die Gleichheit gründen."[144]

Sandra Harding schlägt in dieselbe Kerbe wie Carol Gould, indem sie Carol Gilligan vorwirft, daß „die andere Stimme" letztlich nicht Ausdruck eines originären Selbstverständnisses von Frauen sei, sondern Konstrukt jenes männlichen Imperialismus, der den Frauen alles das aufbürdet, was die Männer für sich selbst ablehnen. „Weil ... Frauen in unserer Kultur zu einer Fürsorgeethik und weniger zu einer Rechtsethik tendieren, wird dies als weiblich konzeptualisiert ... Unser Geschlechtstotemismus trübt unseren Blick für die Ursprünge der Geschlechtsdichotomie, die wir beobachten."[145] Daß Gilligan gleichsam die empirische mit der normativen Erklärungsebene im Bereich der Moral verwechselt und damit die Zuordnung des Fürsorgeprinzips zum weiblichen Moralverständnis als rechtens behauptet, versucht Sandra Harding durch einen

---

[144] Ebenda, 186.
[145] S. Harding: Die auffällige Übereinstimmung feministischer und afrikanischer Moralvorstellungen. Eine Herausforderung für feministische Theoriebildung, in: Weibliche Moral, a. a. O., 162–189.

Vergleich westlicher mit afrikanischen Moralvorstellungen zu belegen. Im afrikanischen Weltbild – so Harding – gibt es keine Trennung zwischen dem Selbst und der Natur; beide stehen in einem Wechselverhältnis, das im Gleichgewicht gehalten werden muß. Zugleich ist das Individuum auch Teil der Gruppe und die Gruppe ihrerseits ein Geflecht von Beziehungen, in die das Individuum wissentlich und willentlich verstrickt ist.[146] Sandra Harding zeigt nun, daß dieses ursprüngliche Selbstverständnis der Afrikaner durch den Rassismus einer herrschenden weißen Gruppe ebenso zerstört wurde wie das ursprüngliche Selbstverständnis von Frauen durch den Sexismus. Rassen- und Geschlechtsunterschiede entstehen dadurch, daß die herrschende Gruppe „die Selbstachtung der Beherrschten zu schwächen (trachtet), indem sie ihr die Formen von Männlichkeit und Weiblichkeit verwehrt, die sie für sich selbst positiv hervorhebt"[147]. Die willkürliche ideologische Unterscheidung zwischen Europäern und Afrikanern bzw. zwischen Männern und Frauen erzeugte, unterstützt durch imperialistische Praktiken, genau die Differenz, die schließlich zur sozial bestimmenden wurde: die Differenz zwischen Herren und Sklaven, welche unter dem Anschein der Rechtmäßigkeit des Diktats der „von Natur aus" Überlegenen enteignet und ausgebeutet wurden.[148] Für Sandra Harding ist es daher unannehmbar, das Prinzip der Fürsorge als spezifisches Grundmuster für typisch weibliches Moralverhalten anzuerkennen, solange es nicht als soziales Konstrukt im Dienst einer androzentristischen Moral durchschaut ist; erst im Zusammenhang mit einer emanzipatorischen, herrschaftsfreien Sozialisation kann es bezüglich seiner norma-

---

[146] Ebenda, 69 f.
[147] Ebenda, 174.
[148] Ebenda, 180 f.

tiven Verbindlichkeit sowohl für „männliches" wie für „weibliches" Handeln jenseits von Rassismus und Sexismus beurteilt werden.

Noch massiver sind die Vorwürfe, die aus der Sicht empirischer Psychologen und Psychologinnen gegen Carol Gilligan erhoben wurden. Debra Nails spricht von „Carol Gilligans Fehlvermessung des Menschen"[149]. Sie habe in ihrer Auswertung des Testmaterials die Ergebnisse in ihrem Sinn geschönt und damit verfälscht. „In ‚Die andere Stimme' ist mindestens soviel Interpretation wie empirische Wissenschaft am Werk. Auch wenn sich die literarische Kritik gekonnt als Wissenschaft verkleidet, so kann man doch ihren Schlußfolgerungen nicht trauen."[150]

Autoren wie Lawrence J. Walker und Rainer Döbert behaupten darüber hinausgehend, daß nach ihren Forschungsresultaten Geschlechtsunterschiede in moralischen Urteilen nicht oder nur in geringem Ausmaß bestünden und es eine spezifisch weibliche Moral nicht gebe.[151] Carol Gilligans Untersuchungen seien, so Döbert, ethiktheore-

---

[149] D. Nails: Sozialwissenschaftlicher Sexismus: Carol Gilligans Fehlvermessung des Menschen", in: Weibliche Moral, a.a.O., 101–108.
[150] Ebenda, 106.
[151] L. J. Walker: Geschlechtsunterschiede in der Entwicklung des moralischen Urteils, in: Weibliche Moral, a.a.O., 109–120, vgl. 115; R. Döbert: Männliche Moral – Weibliche Moral?, in: Weibliche Moral, a.a.O., 121–146, vgl. 129. Zur dezidierten These der Zweigeschlechtlichkeit der Moral vgl. hingegen Norma Haan: Two moralities in action contexts: Relationships to thought, ego regulation, and development, in: Journal of Personality and Social Psychology 36 (1978) 286–305; Frigga Haug: Die Moral ist zweigeschlechtlich wie der Mensch. Zur Theorie weiblicher Vergesellschaftung, in: Weiblichkeit oder Feminismus, hg. v. C. Opitz, Konstanz 1983, 95–122. Für Haug geht Gilligan nicht weit genug. Anstatt die Notwendigkeit zwei verschiedener Moralen zu behaupten, habe sie lediglich innerhalb ein und desselben Moralsystems zwei Aspekte moralischen Verhaltens unterschieden. Es seien die gleichen Werte, die nur je nach Geschlecht eine andere Bedeutung hätten (vgl. 104).

tisch unzulänglich und einseitig. Differenzen auf der moralischen Kompetenzebene, die sich einer männlichen und weiblichen Logik verdankten, bestreitet er.[152] Geschlechtsunterschiede, wie z. B. der der erhöhten Aggressivität bei Männern, führt Döbert auf das männliche Sexualhormon Testosteron zurück, dessen vermehrte Ausschüttung eine stärkere Spezialisierung der Hirnhälften des Mannes (links/sprachlich versus rechts/räumlich) bewirke, woraus folge: „Männern fällt es leichter, zu intellektualisieren und mit Affektabspaltung zu operieren."[153] Insgesamt hält Döbert fest, daß die zweifellos vorhandenen geschlechtsspezifischen Unterschiede für die Moral irrelevant sind: „Denn der Geltungsanspruch des moralischen ‚Sollens' kennt keine Geschlechtsunterschiede."[154]

Gertrud Nunner-Winkler vertritt die Ansicht, daß das Fürsorgeprinzip überhaupt nicht persönlichkeits- oder geschlechtsspezifisch gebunden sei. Ihren eigenen Untersuchungen zufolge „lassen sich ... keine Geschlechtsunterschiede im Moralverständnis von Vorschulkindern nachweisen", und zwar weder bezüglich der Regelkenntnis noch der Regelbegründung.[155] In der Adoleszenzphase zeige sich die größere Reife moralischer Urteile nicht in der Bevorzugung eines bestimmten Moralkriteriums, sondern in der Fähigkeit, „die unterschiedlichen Kriterien simultan im Bewußtsein halten und situationsspezifisch ausbalancieren zu können"[156]. Frauen, so Gertrud Nunner-Winklers Fazit, neigen nicht aus dem Grund mehr zur Fürsorglichkeit, weil sie im Verlauf ihrer Entwicklung dem beziehungsorientier-

---

[152] Ebenda, 133.
[153] Ebenda, 139 (im Original kursiv).
[154] Ebenda, 142.
[155] G. Nunner-Winkler: Gibt es eine weibliche Moral?, in: Weibliche Moral, a. a. O., 147–161; zit. 155.
[156] Ebenda, 156.

ten Standpunkt als Prinzip ihres sozialen Selbst den Vorzug geben, sondern „weil sie häufiger diffuse Rollen innehaben"[157] und entsprechend viele, durch Rollennormen vermittelte Fürsorgeverpflichtungen übernehmen. Letztlich vertritt sie die These, die beiden von Gilligan unterschiedenen moralischen Perspektiven begründeten nicht zwei verschiedene Typen von Ethik, sondern beschrieben zwei Arten von Pflichten, nämlich vollkommene und unvollkommene Pflichten, wobei letztere nicht ohne eine situationale Kontextualisierung mittels der praktischen Urteilskraft bestimmbar sind.[158]

Jürgen Habermas schließlich ist der Meinung, Carol Gilligan habe bei ihrer Konstruktion des „kontextualen Relativismus" als einer eigenen Stufe des moralischen Urteils das Grundproblem verkannt, „wie Sittlichkeit und Moral zu vermitteln sind"[159]. In der konkreten Sittlichkeit einer gewachsenen Lebensform seien moralische Fragen mit evaluativen noch eng verknüpft, und erst in einer rationalisierten Lebenswelt verselbständigten sich die moralischen Probleme gegenüber denen des guten Lebens, so daß mit der postkonventionellen Entflechtung von Sittlichkeit und Moral eine Trennung zwischen den kulturell eingewöhnten empirischen Motiven und der Frage nach der rationalen, universalistischen Begründung von Normen einhergehe. Nach Habermas läuft demnach Gilligans Forderung, die Gerechtigkeitsperspektive durch die Fürsorgeperspektive zu ergänzen, auf eine unzulässige Vermischung ge-

---

[157] Ebenda, 59.
[158] G. Nunner-Winkler: Two Moralities? A Critical Discussion of an Ethic of Care and Responsibility Versus an Ethic of Rights and Justice, in: Morality, Moral Behavior, and Moral Development, hg. v. W. M. Kurtines / J. L. Gewirtz, New York 1984, 348–361.
[159] J. Habermas: Moralbewußtsein und kommunikatives Handeln, Frankfurt a. M. 1983, 191.

trennter Diskursebenen hinaus. Während moralische Fragen der Gerechtigkeit auf der normativen Ebene zu problematisieren sind, geht es bei Fürsorgeproblemen um evaluative Fragen des guten Lebens.[160]

Die Kritik an Carol Gilligans These der Perspektivität von moralischen Sehweisen mag in mancher Hinsicht begründet sein. So ist es unter normativem Aspekt sicher bedenklich, das Prinzip der Fürsorge, gestützt auf die Analyse von weiblichen Urteilen über Konfliktsituationen, als dem ursprünglichen moralischen Selbstverständnis von Frauen *angemessenes* Moralkriterium aufzufassen. Ein solches induktiv gewonnenes Kriterium unterliegt aus ethischer Sicht zum einen dem Einwand, daß moralisches Sollen nicht durch Verallgemeinerung empirischer Geltungsansprüche begründet werden kann, und zum anderen dem Verdacht, daß das Fürsorgeprinzip sich einem sozialen Rollenklischee verdankt, das letzten Endes nicht die autonome Frau, sondern den Herrschaftswillen des Mannes zu seiner Voraussetzung hat. Dennoch ist es Gilligan durch ihre Infragestellung des Kohlbergschen Stufenmodells als Kriterium für moralische Kompetenz gelungen, die Einseitigkeit einer auf das Prinzip der Gerechtigkeit fixierten Handlungsorientierung aufzuweisen und die Gleichwertigkeit anderer moralischer Regulative darzulegen. Auch wenn sie konsequent auf dem empirischen Boden alltagssprachlicher Beurteilungen moralisch relevanter Sachverhalte argumentiert und keine im engeren Sinn normativ-ethischen Begründungen entwickelt, machen doch gerade die von ihr vorgelegten Testergebnisse deutlich, daß es vielfältige moralische Grundüberzeugungen gibt, die man nicht gegeneinander

---

[160] Ebenda, 92 f.

ausspielen oder als ungleichwertig ausgeben sollte, sondern als perspektivisch verschiedene Sinnentwürfe von Praxis anerkennen muß.

Was die Vorwürfe betrifft, die gegen Carol Gilligans Auswertung des von ihr eruierten Testmaterials erhoben wurden, so scheinen mir hier zwei grundlegende Mißverständnisse vorzuliegen. Erstens: Die Vorstellung, eine solche Auswertung lasse sich interpretationsfrei, nach objektiven, streng wissenschaftlichen Kriterien durchführen, orientiert sich an einem unhaltbaren Wissenschaftsideal, das unterstellt, man könne die Empirie rein und an sich, ohne Zutat von seiten des Wissenschaftlers erfassen. Was Frauen gegen dieses Ideal auf den Plan gerufen hat, ist die Einsicht, daß wir die Realität stets theorieimprägniert, also durch Vor-Urteile wahrnehmen, welche unseren Wahrnehmungshorizont vorstrukturieren. Carol Gilligan hat ihre Untersuchungen unter dem ‚Vor-Urteil‘ betrieben, es gebe neben dem männlichen ein weibliches Moralprinzip, und unter dieser Perspektive hat sie Ausschau nach Indizien gehalten, die für diese Annahme sprechen. Daß dabei andere Aspekte ausgeblendet werden, ist ein legitimes Vorgehen, sofern die „Daten" nicht manipuliert oder sonstwie willkürlich verändert werden. Wissenschaftliche Dateninterpretation ist weder eindeutig noch beliebig. Wenn daher zweitens andere Interpreten zu anderen Ergebnissen kommen wie Carol Gilligan, nämlich daß es hinsichtlich der Moral keine geschlechtsspezifischen Unterschiede gebe, so müßte erst einmal gezeigt werden, daß die eigene ‚Lesart‘ des Datenmaterials und somit auch der Grundraster, unter dem die jeweiligen Tests durchgeführt werden, sachangemessener sind. Darüber hinaus dürfen empirische und normative Argumentationsebene nicht verwechselt werden, denn es ist eine andere Frage, ob faktisch geltende Moralprinzipien oder deren Rechtfertigung problematisiert werden. Wer davon ausgeht, daß unter dem Gesichtspunkt der Moralität keine geschlechtsspezifischen Unterschiede möglich sind, weil ein unbedingtes Sollen jeden und jede in gleicher Weise zum Handeln verpflichtet, der reklamiert für sich einen perspektivenfreien, durch keinerlei soziale, interessengeleitete und wissenschaftliche Setzungen oder philosophische Vernunftkonstrukte eingeschränkten Blick, dessen Absolutheitsanspruch mit Recht bezweifelt werden kann, da er doch wieder nur die verallgemeinerte männliche Optik repräsentiert.

Kohlberg selber hat übrigens in seiner Antwort auf Carol Gilligan bestritten, daß Gerechtigkeit und Fürsorge zwei verschiedene Formen moralischer Entwicklung seien; für ihn handelt es sich vielmehr um zwei verschiedene moralische Einstellungen, die einander nicht entgegengesetzt sind. Die Wahl der Einstellung sei „in erster Linie eine Funktion der Situation und der Art des Konflikts, nicht des Geschlechts"[161].

3.3 Das philosophische Modell

In der Philosophie sind die Ansätze zu einer feministischen Ethik aus einer Kritik an den normativen Eckpfeilern traditioneller Ethiktheorien hervorgegangen. Hatte Carol Gilligan das Gerechtigkeitsprinzip als typisch männliches Handlungsregulativ herausgestellt, das sowohl im Alltagsverständnis als auch in der Theorie führender Entwicklungspsychologen mit der Vorstellung moralischer Reife verbunden wird, so greifen die Philosophinnen mit den

---

[161] L. Kohlberg: Synopses and Detailed Replies to Critics, in: Essays on Moral Development, Vol. II: The Psychology of Moral Development, San Francisco 1984, 341 ff.; zit. 350.

Prinzipien der Autonomie und der Gleichheit sowie mit dem Universalisierungspostulat die Grundlagen der klassischen Moralphilosophie insgesamt an. Dabei schälen sich die Konturen einer anderen Lebensform heraus, deren normatives Gerüst einer den berechtigten Geltungsansprüchen von Frauen Sorge tragenden Moral entstammt.

3.3.1 Selbstbewußter Sisyphos

Brigitte Weisshaupt hat unter Hinweis auf Aristoteles' Diktum, daß wir nicht Ethik betreiben sollen, um zu *wissen*, was gutes Handeln ist, sondern um gut zu *handeln*, den Moralphilosophen vorgeworfen, sie hätten es beim Wissen bewenden sein lassen und sich entsprechend ihrer Vorliebe für die Theorie mit bloßen Denkkonstrukten – von Selbstbestimmung, Freiheit, Gleichheit usf. – begnügt, anstatt die „soziale und ökonomische Verflochtenheit des Menschen, sein Bedingtsein durch Sprache und existentiale Faktizität" mitzureflektieren.[162] Es fehlt mithin an Überlegungen, die die konkrete Praxis mit einbeziehen, den Alltag, aus dessen Zwängen und Beschränkungen heraus philosophiert werden muß, wenn theoretische Sinnentwürfe und Handlungskonzepte nicht praktisch folgenlos bleiben bzw. an der Realität vorbeigehen sollen. An Albert Camus' Deutung des Mythos von Sisyphos anknüpfend, beschreibt Brigitte Weisshaupt die Frau als „Held des Alltags" und „Opfer des Alltäglichen" zugleich, denn anders als der Camussche Sisyphos wälzt sie ihren Stein „ohne reflektierten Genuß der eigenen Situation und des eigenen Leidens; aber auch ohne Sprache dafür ... Sie hat nicht die Pause und das Aufatmen,

---

[162] B. Weisshaupt: Sisyphos ohne Pathos. Selbsterhaltung und Selbstbestimmung im Alltag, in: Was Philosophinnen denken, a.a.O., 271–290; zit. 274.

nicht die Distanz und das Ausruhen."¹⁶³ Um das Sinnlose und Absurde ihres fremdbestimmten Alltags zu begreifen, muß sie ein Bewußtsein ihrer selbst als Frau erlangen, indem sie durch ein reflektiertes Selbstverhältnis eine „frauliche Identität"¹⁶⁴ ausbildet – im Gegenwurf gegen die ihr durch „männliche Normenschaffungskompetenz"¹⁶⁵ oktroyierte „Weiblichkeit" und die damit verbundenen Rollenzuweisungen. Die von den Frauen als ethische Tugend verlangte Selbstaufopferung und Erfüllung ihrer Bedürfnisse in der Hausarbeit muß nach Brigitte Weisshaupt als das gesehen werden, was sie ist: ein Mittel zur Verhinderung einer selbständigen Persönlichkeitsentwicklung, in deren Verlauf sich eine Ich-Identität herzustellen vermag, die als frei gewählte bejaht werden kann. „Da wir uns ... aus fremder Bestimmung lösen müssen, kommen wir ohne die Idee von Freiheit nicht aus. Sie muß uns als notwendige Voraussetzung der Vernunft gelten, die uns erlaubt, uns zumindest ein Vermögen zuzumuten, durch die Auflösungsprozesse unserer zugeschriebenen Identität hindurch, ein eigenes Selbst herauszubilden."¹⁶⁶ Trotz der Ungewißheit darüber, was am Ende des Weges herauskommen wird, und trotz mangelnder Anerkennungsprozesse, die für die Selbstfindung unerläßlich sind, erlegt Brigitte Weisshaupt es den Frauen geradezu als ethische Pflicht auf, sich ein vernünftiges Selbstbewußtsein zu erwerben und über der Kultivie-

---

¹⁶³ Ebenda, 276 f.
¹⁶⁴ B. Weisshaupt: Schatten über der Vernunft, in: Feministische Philosophie, a.a.O., 136–157; zit. 143.
¹⁶⁵ B. Weisshaupt: Schatten des Geschlechts über der Vernunft, in: 1789/1989 – Die Revolution hat nicht stattgefunden, hg. v. Astrid Deuber-Mankowsky / Ulrike Ramming / E. Walesca Tielsch, Tübingen 1989, 290–302; zit. 292.
¹⁶⁶ B. Weisshaupt: Selbstlosigkeit und Wissen, in: Weiblichkeit in der Moderne, hg. v. J. Conrad / U. Konnertz, Tübingen 1986, 21–38; zit. 38.

rung des Intellekts ihre sinnlich vermittelte emotionale und affektive Körpererfahrung als Quelle ihres Wissens nicht zu vergessen.

Brigitte Weisshaupt tritt für einen Typus von Ethik ein, der sich am Modell einer kommunikativen Ethik (Jürgen Habermas) in Verbindung mit einer Verantwortungsethik (Hans Ruh) orientiert. Sofern „jede menschliche Tätigkeit interessegeleitet und wert- und normenbezogen"[167] ist, muß zum einen die durch menschliches Handeln hervorgebrachte Realität bezüglich der darin implizit mitgesetzten Werte analysiert werden; zum anderen sind diese Wertvorstellungen „vor den Werten der menschlichen Lebens- und Schicksalsgemeinschaft zu überprüfen"[168]. Diese die Rechtmäßigkeit und Verantwortbarkeit einer Praxis problematisierende Überprüfung soll diskursiv geschehen, in argumentativer Rede, der „die Idee der Verständigungsgegenseitigkeit" zugrunde liegt[169], womit gefordert ist, daß bei fehlender oder unvollständiger Reziprozität alles darangesetzt wird, sämtliche Betroffenen in den Diskurs einzubeziehen, sei es durch direkte Beteiligung der bisher Ausgeschlossenen, sei es – auf dem Boden einer „advokatorischen Ethik"[170] – durch angemessene Stellvertretung derer, die nicht imstande sind, ihren Anliegen selbst Gehör zu verschaffen.

Am Beispiel der Gentechnologien am Menschen macht Brigitte Weisshaupt auf Gefahren aufmerksam, die drohen, wenn einseitig nur das Interesse von Wissenschaftlern diskursbestimmend ist. „Am Ende der Moderne sind die ‚gen-

---

[167] B. Weisshaupt: Ethik und die Technologie am Lebendigen, in: Grenzen der Moral. Ansätze feministischer Vernunftkritik, hg. v. U. Konnertz, Tübingen 1991, 75–92; zit. 77.
[168] Ebenda, 78.
[169] Ebenda, 80.
[170] Ebenda, 82.

manipulierenden Wissenschaftler', also die eigentlich in Fragen der Sinngebung äußerst unerfahrenen ‚Techniker am Lebendigen', zu den Metaphysikern und Magiern des Lebens und des Todes der menschlichen Gattung und der Natur überhaupt geworden."[171] Den Frauen weist sie in diesem Zusammenhang zwei Aufgaben zu: erstens eine analytisch-ethische, durch die die instrumentelle Rede- und Denkform der Gentechnologen aufgedeckt sowie die impliziten Normen in Wissenschaft und Technik, „die die Frauen zu den objektiven Korrelaten der reproduktions- und gentechnologischen Methoden, bzw. der gesellschaftlich-männlichen Selbsterhaltungsfunktionen degradieren"[172], entlarvt werden. Die zweite Aufgabe ist eine synthetisch-ethische, deren Bewältigung darin besteht, daß Frauen eine eigene Wertvorstellung von integrem Menschsein entwickeln, die ihnen als Folie zur Beurteilung von Eingriffen in ihre Natur dienen kann. Ein nach diskursethischen Prinzipien herbeizuführender Konsens von Frauen über die menschliche Natur, wie sie sich aus ihrer Perspektive als menschenwürdige und wünschenswerte Seinsweise intelligenter Lebewesen darstellt, ist die Vorbedingung, unter welcher eine rationale Entscheidung für oder gegen die Gentechnologien, die eine tiefgreifende Veränderung der Gattung Mensch herbeiführen können, zu treffen ist. Im Falle einer Ablehnung könnte nach Brigitte Weisshaupt die Strategie einer aktiven „negativen Ethik" verfolgt werden, der gemäß mittels Verweigerung durchgesetzt werden soll, daß im „Forschungs- und Problemfelde von Reproduktionsmedizin und Gentechnologie das Handeln, das heißt weitere Wissenschaft zunächst einmal zu sistieren" ist.[173]

---

[171] Ebenda, 84 (im Original kursiv).
[172] Ebenda, 85.
[173] Ebenda, 87.

3.3.2 Der konkrete Andere

Seyla Benhabib hat in der Gilligan-Kohlberg-Kontroverse für Carol Gilligan Partei ergriffen und ihre ethischen Überlegungen in den erweiterten Rahmen einer umfassenden Kritik des Gerechtigkeitsprinzips gestellt, wobei sie einerseits davon ausgeht, daß „die Geschlechterordnung (,gender-sex-system') keine kontingente, sondern eine notwendige Form der Organisation, der symbolischen Teilung und des Erlebens der sozialen Realität" ist.[174] Zum anderen betrachtet sie es als ein erwiesenes Faktum, daß die historisch bekannten Geschlechterordnungen zur Unterdrückung und Ausbeutung von Frauen beigetragen haben. Als besondere Zäsur stellt sie den Übergang zur Moderne heraus, da sich dort mit der Akzentuierung des Sollens in der praktischen Philosophie das Prinzip der Gerechtigkeit als die Grundnorm der die Öffentlichkeit gesetzlich absichernden Sozialverträge herauskristallisierte. Ausgeklammert aus moralischen und politischen Zusammenhängen, wird von nun an der häusliche Bereich in die private Sphäre abgedrängt, wo gleichsam im Naturzustand der pater familias nach privatrechtlichen Eigentumsgrundsätzen über Frau, Kinder und Diener zu verfügen berechtigt ist (462 ff.). Männliche und weibliche Kompetenzen sind damit streng getrennt: hier der der Gerechtigkeit verpflichtete autonome Mann, dort die zum Zweck der Fürsorge in den Haushalt abkommandierte Frau.

Seyla Benhabib ergänzt somit Carol Gilligans Befund einer zweigeschlechtlichen Moral dahingehend, daß sie deren historische Wurzeln in der Neuzeit ausgräbt und die

---

[174] S. Benhabib: Der verallgemeinerte und der konkrete Andere. Ansätze zu einer feministischen Moraltheorie, in: Denkverhältnisse, a.a.O., 454–487.

von Gilligan vernommene „andere Stimme" als das Echo jenes Befehls hörbar macht, den die Frauen seinerzeit unter dem Druck der Verhältnisse als ihr Über-Ich internalisiert haben. Immerhin scheinen die Frauen in ihrem gesicherten Hort wenigstens in einer Hinsicht das bessere Ende erwischt zu haben, wenn man Benhabibs Entzauberung des männlichen Autonomiebegriffs folgt. Sie zitiert einen Satz von Hobbes, der Männer (Menschen? – men) mit Pilzen vergleicht, die plötzlich aus dem Boden schießen, „als seien sie ohne irgendeine Beziehung zueinander gereift" (464). Dieser beziehungslose, völlig isolierte Narziß, der sogar seine Abhängigkeit von Mutter Erde verdrängt hat, vermag nur sich selbst zu sehen. Er genügt sich selbst und empfindet die Gegenwart der anderen als störend, ja beängstigend. Vertragliche und gesetzliche Regelungen, durch die den an sich grenzenlosen Geltungsansprüchen der autonomen Individuen einvernehmlich Grenzen gezogen werden, sind nicht Ausdruck einer angesichts des anderen herangereiften brüderlichen Moral, sondern Produkt einer nackten Überlebensnotwendigkeit, die eine Gangstermoral evoziert. Der andere wird als Rivale, als Feind angesehen, und die freiwillige Selbsteinschränkung ist der Preis, der aus Gründen des Selbstschutzes entrichtet werden muß, um ein Gleichgewicht herzustellen: der Ursprung der Gerechtigkeit aus dem als Autonomie mißverstandenen Narzißmus. Zwischen der „Rationalität" des nach Gerechtigkeitskriterien geregelten öffentlichen Bereichs und der „Irrationalität" des intimen Privatbereichs wird der moderne Mann hin- und hergerissen. Außerstande, die „Trennung zwischen der öffentlichen Sphäre der Gerechtigkeit, in welcher Geschichte gemacht, und dem ahistorischen Bereich des Haushalts, in dem Leben reproduziert wird" (467), zu überwinden, verfestigt das autonome männliche Individuum den Gegensatz zwischen Vernunft und Neigung, wie Seyla Benhabib am Beispiel moderner universalistischer Moraltheorien verdeutlicht.

Es ist der Standpunkt des „verallgemeinerten Anderen", den sie problematisiert, indem sie zeigt, daß er zwar einerseits für die moralische Reflexion notwendig ist, andererseits aber inhumane Konsequenzen hat, wenn er verabsolutiert wird. Auf dem Standpunkt des verallgemeinerten Anderen „abstrahieren wir von der Individualität und konkreten Identität des Anderen" (468), um über das Begriffskonstrukt eines reinen Vernunftwesens zum Konzept einer formalen Gleichheit im Sinne einer definitorischen Identität aller Menschen zu gelangen, die bezüglich der Rechte und Pflichten keine Unterschiede mehr kennt. Wie Seyla Benhabib am Beispiel des von Rawls unter der Metapher „Schleier des Nichtwissens" vorgeschlagenen Verfahrens der Ausblendung aller besonderen Bedürfnisse, Interessen, natürlichen Gaben und sozialen Privilegien der Individuen veranschaulicht, „verschwindet der Andere als verschieden vom eigenen Ich" (471).

Diesem abstrakt-formalen Standpunkt des verallgemeinerten Anderen stellt Benhabib den „Standpunkt des konkreten Anderen" gegenüber, der berücksichtigt, daß „jedes einzelne rationale Wesen als ein Individuum mit einer konkreten Geschichte, Identität und affektiv-emotionalen Verfassung" ist (468). Dem konkreten Anderen begegnet man als einem geschichtlichen Wesen, das in mancher Hinsicht anders denkt, fühlt, will und handelt, ohne daß diese Pluralität möglicher Perspektiven ein Grund wäre, es aus der Gemeinschaft vernünftiger Individuen auszuschließen, im Gegenteil: Da man sich allen Unterschieden zum Trotz in den anderen hineinversetzen kann und seinen Standpunkt zu teilen vermag, auch wenn man nicht seiner Meinung ist, gehen die Verschiedenheiten in die zwischenmenschliche Beziehung ein, von der sie getragen und als ‚gewachsene' individuelle Besonderheiten, die ihren eigenen Wert haben, anerkannt und ausgehalten werden. „Die moralischen Kategorien, die solche Interaktionen begleiten, sind jene der Verantwortung, der Bindung und des Teilens. Die korrespondierenden moralischen Gefühle sind Liebe, Fürsorge, Sympathie und Solidarität" (469).

Seyla Benhabib wirft den Vertretern formal-universalistischer Moraltheorien vor, den Standpunkt des konkreten Anderen vernachlässigt und damit im Grunde das *menschliche* Ich aus den Augen verloren zu haben, das stets in einen Lebenskontext eingebunden ist und nicht unter Absehung von allen Bedürfnissen, Ziel- und Wertvorstellungen im Gefolge von Hobbes' Pilzmetapher als ein bloß noumenales autonomes Selbst definiert werden kann. Ihr Konzept einer umfassenden Moralphilosophie sieht daher eine „kommunikative Ethik der Bedürfnisinterpretation" in Verbindung mit einem „beziehungsorientierten Modell moralischer Autonomie" vor, d. h., sie plädiert für einen „interaktiven Universalismus", der „die Würde des verallgemeinerten Anderen durch eine Anerkennung der moralischen Identität des konkreten Anderen gewährleistet" (476). Dies im Rahmen eines diskursiven Modells praktischer Rationalität, das es erlaubt, auch die faktischen Bedürfnisse unter der Perspektive eines guten Lebens in die moralische Urteilsfindung mit einzubeziehen[175], ja es geradezu nötig macht, Fürsorge- und Verantwortungsprobleme auch auf der Prinzipienebene des Gerechten mit zu berücksichtigen, so wie umgekehrt der Gerechtigkeitsdiskurs in Fürsorgefragen hineinspielen muß.

Im Anschluß an und in Weiterführung von Hannah

---

[175] Benhabib bezieht sich hier insbesondere auf die Diskurstheorie von Jürgen Habermas. Vgl. dazu auch ihr Buch: Kritik, Norm und Utopie. Die normativen Grundlagen der Kritischen Theorie, Frankfurt a. M. 1992.

Arendts Fragmenten zu einer Theorie der Urteilskraft beschreibt Seyla Benhabib das Verfahren der moralischen Urteilskraft als ein Prozedere, das unter den „Perspektiven von Natalität, Pluralität und Narrativität von Handlungen"[176] vonstatten geht. Moralisch relevante Situationen und Umstände lassen sich nicht einfach unter eine allgemeine Regel subsumieren derart, daß daraus eine Handlungsvorschrift hervorgeht; vielmehr gilt es, das Allgemeingültige zu „kontextualisieren", indem Absichten, Maximen, Präferenzen und Wertvorstellungen der handelnden Person dialogisch-hermeneutisch, eingebettet in deren narrative Geschichte, aufgeschlüsselt und verstehbar gemacht werden. Im Verstehens- qua Verständigungsprozeß nimmt die Verbindlichkeit des Normativen im Handlungszusammenhang des Individuums eine konkrete Gestalt an, während im gleichen Zug die singuläre Handlung eine moralische Qualität erhält, die den Konsens der Diskursteilnehmer, um den argumentativ geworben wurde, zum Ausdruck bringt. Den kategorischen Imperativ, dem sich eine kontextorientierte moralische Urteilskraft verpflichtet weiß, formuliert Seyla Benhabib mit Hannah Arendt folgendermaßen: „Handle so, daß die Maxime deines Handelns den Standpunkt aller anderen derart einbezieht, daß du für ihre Zustimmung würdest werben können" (541).

Eine Ethik, die den Standpunkt des konkreten Anderen ins Zentrum rückt und damit jedes Individuum nicht unangesehen, sondern unter ausdrücklichem Einbezug seines Geschlechts, seiner Rasse, seiner Religionszugehörigkeit etc. als gleichwertigen Diskurspartner anerkennt, der nicht nur allgemeine Rechte und Pflichten hat, die mich als Ver-

---

[176] S. Benhabib: Urteilskraft und die moralischen Grundlagen der Politik im Werk Hannah Arendts, in: Zeitschrift für philosophische Forschung 41 (1987), 521–547; zit. 547.

nunftwesen mit ihm identisch machen, sondern auch besondere Merkmale und Eigenschaften, die mich von ihm auf vielfältige Weise unterscheiden – eine Ethik, die auf die Beziehung setzt und den Individuen in den lebensweltlichen Kontexten nur über Wechselbeziehungen Autonomie zugesteht – eine solche Ethik ist nicht eigentlich feministisch, sondern menschlich in dem Sinn, daß sie den hierarchisierenden Standpunkt der androzentristischen Ethik überwunden hat, ohne ihn durch die Hintertür doch wieder, diesmal durch einen gynozentristischen Typus von spezifisch weiblichen Herrschaftsformen, erneut zu installieren.

3.3.3 Gleiche Rechte für Ungleiche

Auch Andrea Maihofer hat Carol Gilligan gegen ihre Kritiker und Kritikerinnen in Schutz genommen und darauf aufmerksam gemacht, daß die meisten von ihnen die provokante Pointe der zwei in dialektischer Spannung zueinander stehenden moralischen Perspektiven verkannt haben. „So teilen beide Moralen die Erkenntnis von der universellen Notwendigkeit gleichberechtigter und gewaltloser Beziehungen zwischen den Menschen, aber sie formulieren diese moralischen Imperative innerhalb unterschiedlicher moralischer Diskurse."[177] Gegen Seyla Benhabib wendet sie ein, daß mit der von ihr vorgesehenen Aufhebung der weiblichen Moralauffassung in eine Gesamtkonzeption kommunikativer Ethik die von Gilligan herausgestellte Integrität zweier verschiedener moralischer Perspektiven zugunsten eines monistischen moralischen Universalismus verlo-

---

[177] A. Maihofer: Ansätze zur Kritik des moralischen Universalismus. Zur moraltheoretischen Diskussion um Gilligans Thesen einer „weiblichen" Moralauffassung, in: Feministische Studien 6 (1988), 32–52; zit. 40.

renginge (43). Zu Habermas führt Andrea Maihofer aus, Carol Gilligan habe ja gerade zu zeigen versucht, daß sich moralische Fragen nicht in normativen Prinzipienfragen erschöpfen und von daher die Abstraktion von der konkreten Individualität und der Komplexität menschlicher Beziehungen als unmoralisch zurückzuweisen sei (45). Mit Gilligan plädiert sie für eine „Ambiguitätstoleranz" und lehnt die „Vorstellung von der scheinbar logischen Evidenz der Möglichkeit nur einer *einheitlichen* Moral, überhaupt nur *einer* Moral" als androzentristischen Denkgestus ab, der kenntlich ist „an der Dominanz des Topos der Identität und an der theoretischen Zwanghaftigkeit, Vielheit und Differenz letztlich in Einheit und Identität aufheben zu müssen, die Zweiheit nur über die Einheit denken zu können" (48).

Andrea Maihofer setzt mit ihrer Kritik des traditionellen Gerechtigkeitsprinzips beim Begriff der Gleichheit ein, für den sie nachweist, daß er „eine positive nicht-hierarchisierende Anerkennung ‚weiblicher' Differenz" verhindert.[178] Obwohl die Menschenrechte forderten, alle Menschen als freie und gleiche anzuerkennen, waren Frauen ausgeschlossen, weil sie aufgrund ihrer natürlichen Geschlechtlichkeit nicht als gleiche Menschen galten. „Aus einer geschlechtlichen Differenz wird eine menschliche Defizienz, aus einer menschlichen Verschiedenheit eine gesellschaftliche und rechtliche Ungleichheit" (354). Die Diskriminierung von Frauen war also die Folge davon, daß ihre wesentliche Andersartigkeit und damit ein dieser Andersartigkeit gerecht werdender Maßstab bestritten wurde; am männlichen Maß gemessen, blieben sie, wie nicht anders zu erwarten, bezüglich Intellektualität und Moralität hinter den Männern zurück. Wollten Frauen ihre Gleichberechtigung erkämpfen,

---

[178] A. Maihofer: Gleichheit nur für Gleiche?, in: Differenz und Gleichheit, hg. v. U. Gerhard u. a., Frankfurt a. M. 1990, 351–365; zit. 352.

blieb ihnen nur die Alternative, ihre von ihnen als wesentlich erachtete Andersheit zu verleugnen oder als unwesentlich zu erklären, weil nach herkömmlicher Ansicht nur *ein* (in sich differenzloses) Wesen des Menschen denkbar ist (356).

Andrea Maihofer untermauert ihre Kritik anhand der herrschenden Auslegungspraxis von Artikel 3 des Grundgesetzes der Bundesrepublik Deutschland, die davon ausgeht, daß die individuelle Verschiedenheit der Menschen für das Recht sekundär ist. Der Witz ihrer Ausführungen liegt darin, daß der allgemeine Gleichheitssatz die Ungleichbehandlung von wesentlich Gleichem verbietet, wohingegen wesentlich Ungleiches sogar ungleich behandelt werden *muß* (357). Hier wäre also durchaus die Möglichkeit einer legalen Ungleichbehandlung gegeben, vorausgesetzt daß sie auf einer Anerkennung menschlicher Verschiedenheiten beruht. Eine solche macht jedoch ein Umdenken hinsichtlich des Vergleichsmaßstabs für Gleichheit notwendig, denn wie Andrea Maihofer im Hinblick auf die philosophische Tradition erläutert, hat sich der moderne Gleichheitsbegriff als „eine Kombination von verteilender und ausgleichender Gerechtigkeit" herauskristallisiert (358) – wobei es wiederum die männliche Logik des Einen ist, die eine Gleichgewichtigkeit des Verglichenen nicht zuläßt, sondern den Maßstab so konzipiert, daß er nicht wirklich einen übergeordneten „neutralen" normativen Standpunkt markiert, sondern „patriarchal-hegemoniale Verallgemeinerungen männlicher Lebensweisen" (359) repräsentiert, die auch der Beurteilung der Gleichheit von Frauen unterlegt werden, was zur Folge hat, daß sie von vornherein die Unterlegenen sind. „*Maßstab* für *ihre* Gleichheit im Recht ist immer der *Mann*, seine Fähigkeiten, sein Wissen, seine Vorstellungen von Familie, Leben, Beruf, Wissenschaft, Politik usw." (ebd.). Anders formuliert: Alle sind vor dem Gesetz gleich, aber gemessen wird die Gleichheit am Wesen des Mannes, das unter ethischem Gesichtspunkt qualitativ als *Menschen*würde bestimmt wird.

Andrea Maihofer will es offenlassen, ob nicht eigentlich von zwei Begriffen von menschlicher Würde die Rede sein müßte, die nicht in einem gemeinsamen Dritten aufzuheben wären, so daß der Frau anstatt einer Würde von Gnaden des Mannes eine ihr *als Frau* eigene Würde zugeschrieben wird, kraft derer sie einen unveräußerlichen Selbstwert besitzt, auf dem echte Gleichberechtigung beruht. Es geht somit um die Anerkennung nicht einer formalen Gleichheit, sondern einer grundsätzlichen Gleichwertigkeit des weiblichen Wesens als solchen, das den Maßstab seines moralischen Selbstverständnisses in sich selbst hat bzw. ausbildet, und zwar nach Maßgabe der seine Identität begründenden Andersheit. Entsprechend bedarf es nach Maihofer eines nicht-hierarchisierenden „geschlechterdifferenzierenden Rechts", das es der Frau erlaubt, als eigenständiges Rechtssubjekt ihre Rechte wahrzunehmen. An die Stelle eines hegemonialen, imperialistischen, monistischen Universalismus muß ein pluraler Universalismus treten, der sich mittels einer binären Logik um „Formen der geschlechtsspezifischen (nicht mehr geschlechtsneutralen) Verallgemeinerung" (365) bemüht, deren Verbindlichkeit derart ist, daß Frauen sich als Miturheberinnen der auf diese Weise generierten Normen wiederzuerkennen vermögen.

3.3.4 Ethik der geschlechtsspezifischen Moral

So verschieden die Ansätze einer feministischen Ethik aus theologischer, entwicklungspsychologischer und philosophischer Sicht im einzelnen auch sind, es gibt grundlegende Gemeinsamkeiten nicht nur in der kritischen Aufarbeitung androzentristischer Positionen, sondern auch im Entwurf einer Moral, die den Bedürfnissen und Interessen von Frauen gerecht wird. Daß es sich dabei nicht um willkürliche, aus dem irrationalen Bauch des Emotionalen entfesselte Projekte handelt, sondern um solche, die den Anspruch auf Vernunft nicht zu scheuen brauchen, muß nicht mehr eigens betont werden.

Noch steckt die feministische Ethik im Programmatischen, und dies wird wohl auch noch eine Weile so bleiben. Bevor ernsthaft darangegangen werden kann, ein integratives Konzept einer „weiblichen" Moral vorzulegen, sind noch eine Reihe methodologischer Vorarbeiten nötig, um die jeweiligen ethischen Überlegungen einerseits argumentativ absichern zu können und andererseits zu Ergebnissen zu gelangen, die nicht mehr nur in polemischer Abgrenzung gegen den androzentristischen Typus von Ethik eine bloße Leerstelle beschreiben, sondern positive inhaltliche Bestimmungen enthalten. Für beide Aufgaben kann und sollte durchaus auf philosophisches Gedankengut der Tradition zurückgegriffen werden – die nötige Vorsicht vorausgesetzt. Dies soll zum Schluß an zwei Beispielen verdeutlicht werden.

(1) Fast alle feministischen Ethikerinnen haben den monistischen Einheitsbegriff wegen des damit verbundenen imperialen Gestus angegriffen und eine duale oder plurale Vorstellung von Einheit gefordert. Um diese Vorstellung zu präzisieren, schiene es mir sinnvoll, das schon von Heraklit in seiner Kosmologie verwendete Verfahren des „eins durch Analogie" einmal daraufhin zu untersuchen, ob es nicht auch für das Denken der Geschlechterdifferenz geeignet ist. Die Analogie erlaubt es, Unähnliches durch eine Verhältnisgleichheit als eine Einheit zu denken. So hat Heraklit die chaotische Vielfalt des Universums durch die Formel Feuer : Erde = Luft : Feuer =

Wasser : Luft = Erde : Wasser[179] als eine dynamische Struktur in einer Verhältniseinheit zusammengefaßt, in welcher die vier heterogenen, nicht mehr aufeinander rückführbaren Elemente dennoch in eine Beziehung zueinander gebracht werden, die keine Über- und Unterordnung, sondern Gleichberechtigung ausdrückt. Dieses Modell ließe sich u. a. auf die beiden von Carol Gilligan unterschiedenen Moralperspektiven anwenden – Frau : Fürsorge = Mann : Gerechtigkeit. Das Gleichheitszeichen stünde dann für gleichwertiges moralisches Handeln.

Ein weiteres Verfahren, das sich ebenfalls für die Kontextualisierung von Beziehungen anbietet, insofern es die jeweiligen Verhältnisglieder erst durch die ihnen gemeinsame Beziehung konstituiert sein läßt, ist die dialektische Methode, durch die Entgegengesetztes als in einem Dritten miteinander vermittelt gedacht wird. Dieses Dritte darf allerdings nicht substantialisiert werden, sondern muß als Verhältnis in seiner Spannung erhalten bleiben, damit die beiden Gegensätze als gleichwertige Pole bestehenbleiben, von denen jeder nur im Verhältnis zum anderen hinsichtlich seiner Besonderheit bestimmbar ist. Freilich ist in der philosophischen Tradition die Dialektik

---

[179] Heraklit, Fragment 76. Es handelt sich hierbei um die Form einer später so bezeichneten *analogia proportionalitatis*, bei welcher es kein *primum analogatum* gibt wie bei der *analogia attributionis*, in welcher dem *primum analogatum* das Prädikat ursprünglich und seinsmäßig, den übrigen Analogaten nur in abgeleiteter Weise zugesprochen wird; Beispiel: Wenn von der Luft, Äpfeln und Wäsche aus Naturfasern ‚Gesundheit' ausgesagt wird, so nicht deshalb, weil sie an sich gesund sind, sondern in bezug auf den Menschen, dem dieses Prädikat ursprünglich zukommt. Man könnte das patriarchale Denkmuster des Geschlechterverhältnisses kritisch in die Form der *analogia attributionis* bringen und würde damit die *analogia entis*, die besagt, daß Gott alles Sein ursprünglich, den geschöpflichen Dingen aber nur nachrangig und abgeleitet zukommt, auf der Ebene des Menschen wiederholen.

von Leib und Seele, von Natur und Geist, von Materie und Form etc. unter einem Ausschließlichkeitsanspruch häufig einseitig idealisiert oder materialisiert worden, so daß an die Stelle des ausgewogenen Wechselverhältnisses die Subordination trat, sei es daß das eine Glied dem anderen, sei es, daß beide Glieder einem als höherrangig behaupteten Dritten unterworfen wurden. Doch könnte man das dialektische Verfahren in einem ursprünglichen Sinn als ein Hin- und Hergehen zwischen den Gegensätzen am Leitfaden eines einheitsstiftenden Logos durchführen, der deren Gleichgewichtigkeit auf sein Panier schreibt. Im Hinblick auf die Geschlechterfrage könnte durch ein dialektisches Prozedere zum einen der Diskurs *mit* Frauen und zum anderen der Diskurs *über* Frauen entzerrt werden, indem solchen Argumentationsmustern der Vorzug gegeben wird, die den Schwerpunkt auf die Beziehung, nicht auf die Relate als voneinander getrennte Entitäten legen und damit jedwedem hierarchisierenden Denken einen Riegel vorschieben.

(2) Zur Lösung der Frage des Verhältnisses von moralisch Besonderem und Allgemeinem, Individuum und Kollektiv, gutem Leben und normativem Anspruch etc. bedarf es außer analogischer und dialektischer Überlegungen einer Theorie der praktischen Urteilskraft. Für eine solche ließen sich Kants Ausführungen zum Vorgehen der reflektierenden Urteilskraft fruchtbar machen, da diese, anders als die bestimmende Urteilskraft, die ein gegebenes Besonderes unter ein ebenfalls gegebenes Allgemeines „subsumiert" und damit die Folie für alle Formen von Hierarchisierung liefert[180], zu einem gegebenen Besonderen das Allgemeine

---

[180] Man könnte sagen, daß das von Männern bevorzugte Modell zur Beurteilung von allem, was ist und was gilt, das in sich geschlossene Subsumtionsschema der bestimmenden Urteilskraft ist, während Frauen eher

erst sucht. Dies ist für eine Ethik der geschlechtsspezifischen Moral insofern von Bedeutung, als sie die im androzentristischen Moralbegriff implizierte Vorstellung des Allgemeinen als Inbegriff schlechthinniger Normativität zunächst einmal vernachlässigen kann zugunsten eines Entwurfs von Praxis, der durch einen auf dem moralischen Konsens von Frauen beruhenden allgemeinen Geltungsanspruch qualifiziert ist. Entscheidend für den Weg zu einem nicht schon von der (männlich geprägten) praktischen Vernunft diktierten Allgemeinen, Verbindlichen, Einheitsbegründenden ist der Ausgangspunkt: das Besondere, Einzigartige, Individuelle, Konkrete, denn dieses gilt es daraufhin zu reflektieren, was von ihm abstrahiert werden kann und was im Abstraktionsprozeß mitgeführt werden muß bis auf die Stufe des zu (er)findenden Allgemeinen, um dort eine neue Geltungsqualität zu erhalten.[181] Traditionell wurde unterstellt, das Geschlecht könne als abstraktionsfähige quantité négligeable auf der Stufe des Besonderen zurückgelassen werden, aber wie sich gezeigt hat, erschien es dann doch in seiner männlichen Version vielfältig maskiert auf der Stufe des Allgemeinmenschlichen und verriet sich durch seine imperialistische Forderung einer monistischen, differenzlosen Einheit.

Wenn sich das Geschlecht als nicht abzugsfähige Größe herausgestellt hat, ist es nicht nur erlaubt, sondern geradezu ein Gebot der Redlichkeit, es (sowohl im Sinne von

---

dem offenen Modell der reflektierenden Urteilskraft zuneigen. Daraus läßt sich auch bis zu einem gewissen Grad die traditionelle Rollenverteilung erklären, die durch den männlichen Logozentrismus einerseits und den weiblichen Oikozentrismus andererseits begünstigt wurde. Vgl. hierzu A. Pieper: Stiefkind Sinnlichkeit. Zur Verdrängung des Besonderen durch das Allgemeine, in: Grenzbestimmungen der Vernunft, a. a. O.
[181] Vgl. hierzu A. Pieper: Jenseits von Herrschaft und Knechtschaft. Utopie einer menschlichen Lebensform, a.a.O., 1–12; bes. 4f.

sex wie von *gender*) im Rahmen einer Theorie der praktischen Urteilskraft als ein wesentliches Implikat des Allgemeinen ausdrücklich mit zu reflektieren und in einem ersten Schritt ein allgemeines „weibliches" Verständnis von Moral zu artikulieren, um dann in einem zweiten Schritt darüber nachzudenken, ob die beiden geschlechtsspezifisch verschiedenen Entwürfe eines moralisch Allgemeinen, denen aufgrund ihrer Gleichwertigkeit uneingeschränkt willens- und handlungsbestimmende Kraft zuzuerkennen ist, einander komplementär sind, oder ob sie einen Gegensatz bilden, für dessen Vermittlung es einer *menschlichen* Diskursebene bedarf, auf welcher gemeinsam nach Kriterien gesucht wird, die einen geschlechterübergreifenden Konsens ermöglichen.

Ausblick

Eine Mine wird stillgelegt, wenn die Bodenschätze ausgebeutet sind oder deren Ausbeutung nicht mehr rentabel ist. Dem weiblichen Geschlecht widerfuhr unter dem naturalistischen Blick der Männer ein ähnliches Schicksal. Eigentümlicherweise wurde dieser Blick durch einen ideologischen Überbau installiert, dem als erkenntnisbegründendes und handlungsleitendes Prinzip eine auf strikte Einheit programmierte Rationalität zugrunde lag. Die seit Jahrtausenden entwickelten vielfältigen Strategien einer Kultivierung und Humanisierung unserer Lebenswelt durch einheitsstiftende normative Konstrukte haben sich jedoch bei Licht besehen als ebenso viele Formen einer radikalen Maskulinisierung von Natur und Gesellschaft erwiesen. Die destruktiven Folgen einer im Theoretischen wie im Praktischen bevorzugten Haltung des Verfügenwollens zum Zweck einer einheitlichen Ordnung lassen sich nicht mehr wegdisputieren. Die Natur wird zunehmend *unbeherrschbar*, nachdem sie in der Moderne mittels Wissenschaft und Technik dem männlichen Herrschaftswillen *unterworfen* wurde und ihre ungezügelten Kräfte zum Nutzen der Menschen *gebändigt* werden sollten. Auch für das Verhältnis der Menschen untereinander hat Macht als Mittel zur Durchsetzung von Geltungsansprüchen, deren Legitimität an einem verabsolutierten normativen Einheitskonzept festgemacht wird, Gegengewalt bei den *Unterdrückten* hervorgerufen und statt Einheit das Gegenteil: Zwietracht,

Feindschaft und Kriege bewirkt. Die allgemeine Zerrissenheit ist die direkte Folge einer Denkhaltung, die Einheit durch Vereinfachung anstatt durch Integration des Vielen herstellen will. Vereinfachung mittels Abstraktion reduziert Vielheit durch Auslöschung des als überflüssig Gesetzten. Vielheit ist immer das zu Viele, durch dessen Redimensionierung der Überschuß ausgemerzt werden soll. Dabei dient ein als objektiv ausgegebenes, de facto jedoch aus einer normativen Setzung von Subjekten hervorgegangenes Konstrukt von Einheit[182] gewissermaßen als Schablone, nach der das Viele mit den Mitteln eines scharfen Verstandes („Ockhams Rasiermesser") in Form geschnitten wird, ohne Rücksicht auf die diesem dadurch zugefügten Verstümmelungen. Im Unterschied dazu wird bei der Herstellung von Einheit durch Integration darauf verzichtet, das Viele gleichförmig zu machen. Statt dessen wird es in ein Netz komplexer Beziehungen einbezogen, in welchem die individuellen Besonderheiten sich als solche entfalten und zur Geltung bringen können. Mechanische Prozesse und automatische Abläufe lassen sich nach dem Begriff der Einheit im Sinne von Vereinfachung denken. Bei organischer Entwicklung und menschlicher Gemeinschaft hingegen kann von Einheit nur in der integrativen Bedeutung von Ganzheit die Rede sein. Andernfalls entwickelt sich mit dem Zerfall oder der Zerstörung des Beziehungsgeflechts eine Sprengkraft, die das nunmehr beziehungslose, isolierte Viele zerstreut und in ein Chaos auseinanderdrif-

---

[182] „Tatsächlich sind wir eine Vielheit, *welche sich eine Einheit eingebildet hat.* Der Intellekt als das Mittel der Täuschung mit seinen Zwangsformen ‚Substanz', ‚Gleichheit', ‚Dauer' – er erst hat die Vielheit sich aus dem Sinn geschlagen." „... es gibt keine dauerhaften letzten Einheiten, keine Atome, keine Monaden: auch hier ist ‚das Seiende' erst von uns *hineingelegt* (aus praktischen, nützlichen, perspektivischen Gründen)" (F. Nietzsche, Nachgelassene Fragmente, in: KSA, Bd. 13, 36).

ten läßt, das das äußerste Gegenteil von Einheit ist und einer Anarchie Vorschub leistet, in welcher sich alles untereinander bekämpft.

Auch das stillgelegte weibliche Geschlecht hat sich erhoben, leise murrend zuerst, inzwischen laut protestierend und mit unüberhörbarer verbaler Aggression Rechte einklagend, die ihm bisher vorenthalten wurden. Mit der Weigerung, sich gleichsam aus der universalisierten Hasenperspektive als Nichthasen betrachten und diskriminieren zu lassen, stellte sich mit der Entenperspektive als positiver Besetzung der mit der Bezeichnung „Nichthase" signalisierten Leerstelle zugleich die Einsicht ein, daß das Sehen als solches perspektivisch ist, nicht nur in dem allgemeinen Sinn, daß menschliches Wissen insgesamt unaufhebbar anthropomorph ist, sondern auch in der besonderen Hinsicht, daß das Vorverständnis, durch das präjudiziert ist, wie wir die Welt sehen, aufgrund historischer, geographischer, sozialer, ethnischer geschlechtsspezifischer u. a. Unterschiede uneinheitlich ist. Die Frage, wie wir mit dieser Uneinheitlichkeit umgehen sollen, läuft in der Ethik auf das Problem einer Gemeinschaft von Individuen hinaus, die aufgrund ihrer Andersartigkeit ihr Handeln an verschiedenen Prinzipien orientieren. Wie die von uns überblickbare Geschichte zeigt, ist das imperialistische Modell einer Einheitsstiftung durch Vereinfachung, d. h. durch normative Auszeichnung einer bestimmten Perspektive, der sich alle übrigen unterzuordnen haben, gescheitert. Für die Zukunft müssen wir auf das integrative Modell setzen, das Einheit durch Beziehung herstellen will – wobei diese Beziehung die vorgängige Anerkennung der Gleichwertigkeit der/des im Verhältnis miteinander zu Vereinenden voraussetzt. Dann erst wird das Andersartige als es selbst respektiert und nicht einer Einartigkeit und Gleichförmigkeit aufgeopfert, die mit dem Wert der Vielfalt die Menschlichkeit negiert.

Als Saladin Nathan fragte, welche von den drei Religionen die einzig wahre sei – die moslemische, die jüdische oder die christliche –, antwortete Nathan mit einer Erzählung: der Ringparabel. Der Richter, der zu entscheiden hatte, welcher der drei Söhne vom Vater den echten Ring mit der geheimen Kraft, seinen Träger vor Gott und den Menschen angenehm zu machen, geerbt hatte, empfahl den zerstrittenen Parteien folgendes:

Geht nur! – Mein Rat ist aber der: ihr nehmt / Die Sache völlig wie sie liegt. Hat von /
Euch ein jeder seinen Ring vom Vater: / So glaube jeder sicher seinen Ring /
Den echten. – Möglich; daß der Vater nun / Die Tyrannei des *einen* Rings nicht länger /
In seinem Hause dulden wollen! – und gewiß; / Daß er euch alle drei geliebt, und gleich /
Geliebt: indem er zwei nicht drücken mögen, / Um einen zu begünstigen. – Wohlan! /
Es eifre jeder seiner unbestochnen / Von Vorurteilen freien Liebe nach! /
Es strebe von euch jeder um die Wette, / Die Kraft des Steins in seinem Ring' an Tag /
Zu legen! Komme dieser Kraft mit Sanftmut, / Mit herzlicher Verträglichkeit, mit Wohltun, /
Mit innigster Ergebenheit in Gott / Zu Hilf'![183]

Vielleicht gelingt es einer postmodernen (nach-androzentristischen und nach-feministischen) Ethik, praktische Urteilskraft zu fördern, die sich nicht mehr in den Dienst einer eindimensionalen Rationalität stellt, sondern wieder zur philo = sophia in der ursprünglichen Wortbedeutung zurückkehrt: Liebe zur Weisheit.

---

[183] G. E. Lessing: Nathan der Weise, III, 7.

Personenregister

Adorno, Th. W. 113f., 116
Andreas-Griesebach, M. 50
Anselm v. Canterbury 90
Arendt, H. 174
Aristoteles 37, 49f., 78, 166

Barth, K. 143, 147
Barthes, R. 116f.
Beauvoir, S. de 11–28, 31, 47, 51f., 63
Bendkowski, H. 48
Benhabib, S. 170–175
Bock, U. 64f.
Böhm, W. 60
Boisacq-Schepens, N. 54
Boné, E. 55f.
Braun, Ch. v. 69–71, 76
Bultmann, R. 143
Busch, A. 50
Butler, J. 29–31, 60, 68, 74–76, 126

Cavarero, A. 79–81
Chodorow, N. 155
Cixous, H. 72–74, 76
Conrad, J. 51, 167

Daly, M. 133–141, 146f.
David-Ménard, M. 49f.
Deleuze, G. 117–120
Derrida, J. 114–116
Descartes, R. 49
Deuber-Mankowski, A. 51, 167
Döbert, R. 160f.
Duden, B. 61

Eiff, A. W. v. 54
Erikson, E. 148

Fichte, J. G. 93
Foucault, M. 121–126
Freud, S. 34, 36, 48, 115, 147
Gerhard, U. 176
Gewirtz, J. L. 162
Gilligan, C. 148–150, 152–165, 170f., 175f.
Göttner-Abendroth, H. 48

Gould, C. 157f.
Großmaß, R. 50
Guattari, F. 117–120

Haan, N. 160
Habermas, J. 162f., 168, 173, 176
Harding, S. 158–160
Harrison, B. W. 140–147
Haug, F. 160
Hegel, G. W. F. 45, 93, 113
Heraklit 180
Hobbes, Th. 171, 173
Hölldobler, B. 60
Hubbard, R. 60

Irigaray, L. 31–52, 63, 71, 128, 147

Janssen-Jurreit, M. 27

Kafka, F. 75
Kant, I. 97–101, 181
Kierkegaard, S. 102–107, 109
Kirchhoff, A. 78
Kohlberg, L. 148, 150–153, 163, 165, 170
Kolmer, P. 98
Konnertz, U. 51, 167f.
Korten, H. 98
Kristeva, J. 67f., 71f., 76
Kurtines, W. M. 162

Lacan, J. 31, 48, 71f.
Laertius, D. 89
Lessing, G. E. 187
Lindauer, M. 60
List, E. 10, 51
Luyten, N. A. 54
Lyotard, J.-F. 127–129

Maihofer, A. 175–178
Marks, E. 66
Merleau-Ponty, F. 49

Nagl-Docekal, H. 158
Nails, D. 160
Niebuhr, R. 143
Nietzsche, F. 107–112, 137, 139f., 185
Nunner-Winkler, G. 161f.

Ockham, W. 185
Othmer, R. 49
Opitz, C. 160

Pausanias 84
Phaidros 84
Piaget, J. 148, 150
Pieper, A. 98, 182
Planck, M. 78
Platon 32, 40, 81–87, 89, 113
Plotin 89, 98, 110
Poseidonios 88f.

Rakewsky, X. 49
Ramming, U. 167
Rawls, J. 172
Reichwein, R. 10
Ricke, G. 49
Rötzer, F. 115
Ruh, H. 168

Sartre, J.-P. 12, 27
Schaeffer-Hegel, B. 10
Schelling, F. W. J. 93
Schipperges, H. 60
Schmerl, C. 50
Schopenhauer, A. 78
Seibt, U. 55
Sölle, D. 133, 145
Sokrates 32, 84, 86
Spinoza, B. de 37, 49f., 91
Stambolian, G. 66
Stopczyk, A. 78
Studer, H. 51

Tielsch, E. W. 167
Treusch-Dieter, G. 49

Vigotsky, L. 155
Vogel, Ch. 59f.

Walker, L. J. 160
Wartmann, B. 10
Weisshaupt, B. 48, 50, 166–170
Wickler, W. 55f., 67
Wittig, M. 28f., 31, 66, 68

Young, I. M. 54

Die Zukunft den Frauen

Christine Swientek
Mit 40 depressiv, mit 70 um die Welt
Wie Frauen älter werden
Band 4010

„Dieses Buch ist eines der positivsten und handfestesten, die es zu dieser Thematik gibt" (Frankfurter Rundschau).

Frauenlexikon
Wirklichkeiten und Wünsche von Frauen
Hrsg. von Anneliese Lissner, Rita Süssmuth und Karin Walter
Mit einem aktuellen Beitrag zur Situation der Frauen in den neuen Bundesländern von J. Gysi und G. Winkler
Band 4038

Kompetent, engagiert, wegweisend: das umfassende Standardwerk zum Thema Frau. „Der Konsens fortschrittlicher Frauen" (Publik-Forum).

Maria Kassel
Traum, Symbol, Religion
Tiefenpsychologie und feministische Analyse
Band 4040

Die Symbole und Träume, die in den biblischen Texten verschlüsselt sind, können befreit werden zu neuem Leben.

Ulli Olvedi
Frauen um Freud
Die Pionierinnen der Psychoanalyse
Band 4057

Von Anna Freud bis Karen Horney. „Ohne Insider-Jargon, durchaus kritisch, jedoch nie einseitig" (Der Standard).

Erika Uitz
Die Frau in der mittelalterlichen Stadt
Band 4081

Stadtluft macht frei – Frauen als die treibenden Kräfte bei der Emanzipation des Bürgertums von der feudalen Herrschaft.

HERDER / SPEKTRUM

Christine von Weizsäcker/Elisabeth Bücking (Hrsg.)
Mit Wissen, Widerstand und Witz
Frauen für die Umwelt
Band 4093

Sie blockieren, demonstrieren und intervenieren. In allen Teilen der Welt kämpfen engagierte Frauen den Kampf für die Umwelt, gegen Lobbyisten und Dummheit.

Gunda Schneider
Noch immer weint das Kind in mir
Eine Geschichte von Mißbrauch, Gewalt und neuer Hoffnung
Mit einem Nachwort von Irene Johns
Band 4097

Alle haben es gemerkt, und jeder hat geschwiegen – auch Gunda selbst. Erst als erwachsene Frau kann sie die Erfahrung des Inzests in Worte fassen.

Fatema Mernissi
Der politische Harem
Mohammed und die Frauen
Band 4104

„Fesselnd, mit großer Sensibilität, einer Mischung aus Zurückhaltung und Kühnheit geschrieben" (Le Figaro).

Barbara Krause
Camille Claudel – Ein Leben in Stein
Roman
Band 4111

Sie war ein Genie und zerbrach an der Ignoranz ihrer Zeit.
Die mitreißende Geschichte eines Lebens gegen jede Konvention.

Julie und Dorothy Firman
Lieben ohne festzuhalten
Töchter und Mütter
Band 4117

Ein einfühlsames, ehrliches Buch für ein geglücktes Verhältnis von Töchtern und Müttern in allen Phasen des Lebens.

HERDER / SPEKTRUM

Gisela Steineckert
Aus der Reihe tanzen
Ach Mama! Ach Tochter!
Band 4147

Gisela Steineckert spürt der besonderen Beziehung von Frauen nach.
Ein engagiertes Stück Literatur gegen jede Form von Anpassung.

Ursula Salentin
Ich bleibe Rita Süssmuth
Eine Biographie
Band 4162

Das packende Portrait einer profilierten Politikerin, die sich mit
Zivilcourage, Kompetenz und Fairneß für ihre Ziele einsetzt.

Sylvia Curruca
Als Frau im Bauch der Wissenschaft
Was an deutschen Universitäten gespielt wird
Band 4180

Kungeleien, Kommissionen, Karrieren: Was frau im männerbesetzten
Hochschulalltag so alles erleben kann. Die bissige Abrechnung mit einem
zweifelhaften System, frech und wahr.

Heidi Gidion
Und ich soll immer alles verstehen ...
Auf den Spuren von Müttern und Töchtern
Band 4214

Die vielen Nuancen der Mutter-Tochter-Beziehung, mit psychologischem
Spürsinn erschlossen anhand von Texten großer Dichterinnen.

Heidi Gidion
Was sie stark macht, was sie kränkt
Töchter und ihre Väter
Band 4225

Brauchen Töchter Väter? Und umgekehrt? Anhand konkreter Situationen
und in Texten großer Autorinnen spürt Heidi Gidion den reichen
Nuancen dieser Beziehung nach.

HERDER / SPEKTRUM

Saliha Scheinhardt
Sie zerrissen die Nacht
Erzählung
Band 4232

Eine kurdische Familie auf der Flucht vor Hunger, Krieg und Unterdrückung. – Die authentische Geschichte der Odyssee einer jungen, starken Frau.

Heike Langenbucher
Sprache des Körpers – Sprache der Seele
Wie Frauen sich wohlfühlen können
Band 4242

Die Signale des Körpers und der Seele erkennen, sich als Frau wirklich rundum mögen! Wohlfühl-Tips einer Frauenärztin.

Elvira Torni
Der Eierkuchenmond
Tage und Nächte einer Single-Frau
Band 4253

Was ein Glück: Der ewig nörgelnde Lebensgefährte ist abhanden gekommen. Also nichts wie her mit dem Traummann! Elvira Torni erzählt witzig, mit Tempo und Biß.

Barbara Krause
Diego ist der Name der Liebe
Frida Kahlo – Leidenschaften einer großen Malerin
Band 4270

Den Schmerz von Körper und Seele schreit sie in ihren Bildern hinaus: Frida Kahlo, die große surrealistische Malerin. Ihre Liebe zu dem Künstler Diego Rivera war so kompliziert, fesselnd und intensiv wie ihr ganzes Leben.

Claudia Harss/Karin Maier
Joghurt allein genügt nicht
Aktive Streßbewältigung für berufstätige Frauen
Band 4275

Beruf, Haushalt, Mann plus Kinder – alles kein Problem? Oder Dauerstreß pur? Oft können einfache Tricks den Alltag verändern.

HERDER / SPEKTRUM